भारतभूषण अग्रवाल और उनका काव्य

वाणी प्रकाशन
नयी दिल्ली-110002

भारतभूषण अग्रवाल और उनका काव्य

मीना आहुजा

ISBN 81-7055-700-3

वाणी प्रकाशन
21-ए, दरियागंज, नयी दिल्ली-110002
द्वारा प्रकाशित

प्रथम संस्करण : 1999

मूल्य : 95.00

शुभम ऑफसेट, दिल्ली-110032
में मुद्रित

BHARAT BHUSHAN AGRAWAL
AUR UNKA KAVYA
by Meena Ahuja

प्रस्तावना

प्रयोगवाद व नयी कविता की व्यक्तिपरक काव्यधारा में भारत जी की अग्रचेता भूमिका रही है। भारत जी का काव्य कवि की काव्य ऊर्जस्विता, अजेय आत्मविश्वास और काव्य शिल्प की निराली भंगिमा के कारण अपना निजी वैशिष्ट्य रखता है। जीवन के प्रति अशेष प्रेम, लालसा, अहंबोध साथ ही 'पराजय' व उसका संत्रास भोगते हुए भी अपनी अटूट विश्वसनीयता के कारण भारत जी का काव्य जन-जन में स्पंदन उत्पन्न करने में समर्थ है।

यद्यपि नयी कविता का मूल दर्शन व्यक्तिवादिता पर समाधारित है जिसके परिप्रेक्ष्य में उनका युगीन परिवेशगत संघात निरंतर कार्य कर रहा है किंतु भारत जी की अभिव्यक्ति व्यक्तिपरक होते हुए भी समाज-विरोधी नहीं है, अपितु सामाजिक यथार्थ की भूमि पर प्रतिष्ठित है। भारत जी मूलतः मानवीय संवेदनाओं के कवि हैं। भारत जी का काव्य व्यक्ति व समाज के असामंजस्य की अभिव्यक्ति है।

प्रस्तुत ग्रंथ पाँच खंडों में विभक्त किया गया है। प्रथम खंड काव्य-सृजन : प्रेरणा, प्रक्रिया एवं प्रयोजन; काव्य को जानने से पूर्व कवि को जानना परमावश्यक है। कवि का अन्तर्मन बाह्य जगत् के संघातों को आत्मानुकूल जीवन संदर्भों से एकाकार कर ग्रहण करता है। काव्य कवि की इसी रचनात्मक चेष्टा का आयाम है अतः प्रथम खंड काव्य सृजन, प्रेरणा, प्रक्रिया और प्रयोजन में कवि में काव्य संस्कारों के प्रस्फुटन, प्रेरणास्रोत, सृजन-प्रक्रिया व 'काव्य प्रयोजन' पर विचार किया गया है।

द्वितीय खंड युग-विश्लेषण है। इसके अंतर्गत भारत जी द्वारा गृहीत युगीन प्रभाव व युगीन घात-प्रतिघात का उनकी काव्य-रचना के साथ समानांतर विश्लेषण है।

चूँकि भारत जी प्रयोगवाद व नयी कविता के कवि रहे हैं अतः उनके काव्य-विश्लेषण से पूर्व प्रयोगवाद व नयी कविता के विकास व प्रवृत्तियों को जानना आवश्यक है। अतः तृतीय खंड प्रयोगवाद और नयी कविता शीर्षक के अंतर्गत प्रयोगवाद व नयी कविता का संक्षिप्त विश्लेषण व नयी कविता की प्रवृत्तियों को विश्लेषित किया गया है।

चतुर्थ खंड काव्य-विश्लेषण में भारत जी के काव्य का भावगत वैशिष्ट्य प्रतिपादित किया गया है। इस अध्याय के अंतर्गत भारत जी के काव्य की मूल प्रवृत्तियों अर्थात् प्रेम, नारी, प्रकृति, अहंबोध, क्षणबोध आदि प्रवृत्तियों को विश्लेषित किया गया है।

कवि के सौंदर्यबोध का महत्त्वपूर्ण आयाम है शिल्प-सौंदर्य। इस अध्याय में हमने भारत जी के काव्य में भाषा, प्रतीक, बिंब, उपमान व छंद योजना का विश्लेषण किया है।

अंतिम अध्याय प्रस्थापना में प्रस्तुत प्रबंध का सार व भारत जी के योगदान को प्रस्तुत किया गया है।

जहाँ तक मेरी जानकारी है, इस विषय पर किसी स्वतंत्र ग्रंथ का प्रकाशन अभी नहीं हुआ है। भारत जी के देहांत का दुखद समाचार जहाँ हृदय को तीव्रता से बींध गया वहीं मुझे इस विषय पर कार्य करने की प्रेरणा भी देता गया। ज्ञान-वृद्धि के लिए मैंने भारत जी की पत्नी श्रीमती बिंदु अग्रवाल जी को कई पत्र लिखे। उन्होंने अपने सामर्थ्यानुसार मुझे सदैव सहायता की है। मैं उनके इस निःस्वार्थ स्नेह के लिए हृदय से आभारी हूँ। ज्ञान भण्डार के सजग प्रहरियों से संदर्भ ग्रंथों के रूप में मैंने जो सहायता ली है इसके लिए मैं उनकी कृतज्ञ हूँ। अंत में मैं अपनी स्वाभाविक त्रुटियों के साथ कवि भारतभूषण अग्रवाल जी की काव्य संपदा को सही संदर्भों में विवेचित कर सकूँ यही मेरा लक्ष्य रहा है।

मीना आहुजा

विषय-क्रम

प्रथम अध्याय

काव्य-सृजन : प्रेरणा, प्रक्रिया एवं प्रयोजन

यह सत्य है कि कवि पैदा होते हैं, बनाए नहीं जाते (Poets are born, not made) किंतु यह भी सत्य है कि कवि मूलतः और प्रथमतः एक व्यक्ति होता है, समाज की एक अनिवार्य इकाई। व्यक्ति और समाज के क्रिया-प्रतिक्रियात्मक संदर्भों में ही उसका व्यक्तित्व बनता है, अपने भीतरी और बाहरी संसारों में तादात्म्य स्थापित करने की चेष्टा में वह जीवन पर्यंत लगा रहता है। कविता, उसकी उसी चेष्टा का रचनात्मक संदर्भ है। कविता उसके निजी संस्कारों और परिप्रेक्षित घात-प्रतिघातों का प्रतिफलन होती है। जीवन की कठिन आँच में तप-तपकर कवि का मानस रचना-बिंब में रूपायित होता है, अतः किसी भी कवि की कविता के अध्ययन व विश्लेषण से पूर्व उसके काव्य-सृजन की मनोभूमि के संरचनात्मक तत्त्वों और जीवन दृष्टि से परिचित हो लेना आवश्यक है, दूसरे शब्दों में हमारे लिए यह जान लेना आवश्यक हो जाता है कि :

(1) कवि कविता क्यों लिखता है ?
(2) कवि कविता कैसे लिखता है ?
(3) कवि कविता किसलिए लिखता है ?

यही काव्य-सृजन के तीन सोपान हैं : (1) प्रेरणा (2) प्रक्रिया (3) प्रयोजन।

कविता की जन्म प्रक्रिया मनुष्य के जन्म लेने की प्रक्रिया के समान ही होती है, उतनी ही रोमांचक, यंत्रणापूर्ण किंतु आह्लादकारी। अनुभूति का हर वह क्षण जो अभिव्यक्ति के द्वार तक पहुँचता है, अपने में एक थ्रिल, एक इतिहास और एक मूल्यबोध लिये होता है।

1. प्रेरणा

कवि का व्यक्तित्व एक निरंतर विकसनशील प्रक्रिया है। भावतरंगें उसमें सदा ही उठती रहती हैं, जीवन के अजस्र स्रोत से कवि सदैव ही अपनी अनुभव संपदा को समृद्ध करता रहता है, कवि का भोक्ता मन अनुभवों में जीता है और उसका स्रष्टा मन उन्हें रचता है, और जब पारिप्रेक्षिक संघात के किसी क्षण, स्फुरण या आवेग से कवि की रचनात्मक ऊर्जा प्रज्वलित हो उठती है तो भोक्ता मन और स्रष्टा मन के बीच की दूरी मिट जाती है, अनुभव के असूर्यम्पश्या पुंज अभिव्यक्ति के राशि-राशि किरण कणों में बिखर जाते हैं, जैसे झील की सतह के नीचे ही नीचे तरंगें चलती रहती हैं, किंतु किसी शरारती बालक के फेंके ढेले, या पवन के प्रबल झोंके या ऐसे ही किसी आघात की प्रतिक्रिया स्वरूप झील की पूरी सतह आंदोलित हो उठती है। अतः काव्य-सृजन के प्रेरणा सूत्रों को दो आधारों पर विश्लेषित किया जा सकता है।

(1) **दीर्घकालिक** : अर्थात् कवि में काव्य संस्कारों का प्रस्फुटन कब, क्यों और कैसे हुआ, उसके कवि व्यक्तित्व के विकास में किन बाहरी प्रभावों की क्या भूमिका रही और विकास की दिशाएँ और संभावनाएँ संक्षेप में कवि के जीवनक्रम और रचनाक्रम का समानान्तर अनुशीलन।

(2) **तात्कालिक** : अर्थात् कविता के सृजन की तात्कालिक मनःस्थिति क्या होती है, जीवन का कौन-सा स्फुरण, आघात या क्षण कवि को कलम उठाने पर बाध्य करता है।

भारतभूषण अग्रवाल की कविताओं और वक्तव्यों के प्रकाश में उनके काव्य-सृजन के प्रेरणासूत्रों का सम्यक् विश्लेषण इस प्रकार है :

भारतभूषण अग्रवाल का जन्म सन् 1919 में मथुरा में हुआ था। पिता श्री नत्थीलाल अग्रवाल मैदे के व्यापारी थे। अपूर्व प्रतिभासंपन्न भारत जी में काव्य संस्कारों का प्रस्फुटन शैशव से ही होने लगा था। दूसरों के पद्यों को कंठस्थ कर उनकी आवृत्ति करने ने ही भारत जी को काव्य की ओर प्रेरित किया। किंतु शनैः-शनैः भारत जी की कविताओं में स्वयं की बात आने लगी...और इस दिशा में उनके प्रमुख प्रेरणास्रोत थे श्री मैथिलीशरण गुप्त। इसी कारण भारत जी की उन रचनाओं में उपदेशात्मक शैली का प्रभाव है।[1]

यौवन के नवीन अंकुरों के स्फुरण के साथ ही भारत जी का किशोर कवि-हृदय भी अभिव्यक्त होने के लिए छटपटाने लगा था। अतः अध्ययनरत होते हुए भी वे काव्य-सृजन से मुँह न मोड़ सके। इसी समय सन् 1936 में 17 वर्ष की आयु में भारत जी की प्रथम कविता 'माधुरी' में प्रकाशित हुई। सन् 1940 के आसपास भारत जी का रसिक कविहृदय आगरावासियों से परिचित हो गया था। सेंट जॉन्स कॉलेज

के अपूर्व मेधावी छात्र होने के साथ-साथ कवि होने के नाते भारत जी का संपर्क अनेक साहित्यकारों से भी होने लगा था। दूसरी ओर देश का स्वाधीनता संग्राम भी भारत जी को अपनी ओर आकर्षित कर रहा था। उन्हीं दिनों आगरा के नवयुवकों को एकत्र करके उनमें जागृति उत्पन्न करने का कार्य श्री प्रकाशचन्द्र गुप्त कर रहे थे। गुप्त जी के सफल नेतृत्व तथा गुरुवर सत्येन्द्र जी के वरदहस्त के फलस्वरूप भारत जी का स्वर नवीन आयामों तक पहुँचने और सत्यान्वेषण करनेवाली दृष्टि प्रदान करने की ओर प्रेरित हुआ। इसी समय भारत जी का प्रथम काव्य-संग्रह 'छवि के बंधन' प्रकाशित हुआ जिसमें उनके भावुक प्रणयी हृदय के मधुर उद्गार प्रस्फुटित हुए हैं। किन्तु भावुक हृदय की कोमल भावनाएँ यथार्थ की हल्की-सी चोट भी सहन न कर सकीं। साम्यवाद के प्रभाव व देश की राजनीतिक, सामाजिक व आर्थिक विसंगतियों ने भारत जी को यथार्थ के कटु सत्य को स्वीकार करने के लिए विवश-सा कर दिया। दूषित समाज ने भारत जी को जो असामाजिक कमजोरियाँ और गलित स्वार्थ दान में दिए भारत जी की कविताओं ने उन्हीं की पीठ ठोंकी।[2] अतः कल्पना के पंख लगाकर जो विहग मन बादलों के मायालोक में घूम चुका था जहाँ से जुगनुओं के रंग-बिरंगे स्वप्न उड़-उड़कर आते थे यथार्थ की कठोरभूमि पर अपने भाव निःसृत करने लगा।

बहुमुखी प्रतिभासंपन्न भारत जी का अधिकार साहित्य की केवल एक ही विधा तक सीमित न था वरन् नाटक, उपन्यास, कहानी व आलोचनात्मक साहित्य से भी उन्होंने हिन्दी साहित्य भूमि को सिंचित किया था। भारत जी ने अपने प्रथम नाटक 'पलायन' की रचना सन् 1942 में की थी। साहित्यकार होने के साथ-साथ भारत जी एक कुशल अभिनेता भी थे। लखनऊ में नाटक (सन् 1948) निर्देशक होने के साथ-साथ भारत जी ने अनेक नाटकों में अभिनय भी किया था। किंतु भारत जी को अपना कवि रूप ही विशेष प्रिय था। इसके पश्चात् वे अबाध गति से मृत्युपर्यंत साहित्य सर्जना करते रहे।

भारत जी एक कुशल अनुवादक भी थे। विभिन्न भाषाओं के (बंगला, हिंदी, अंग्रेज़ी) के ज्ञाता होने के कारण भारत जी ने लगभग 17 कृतियों का अनुवाद भी किया था। विभिन्न भाषाओं के ज्ञान ने भारत जी में एक विशेष प्रकार की मानसिक भूमि तैयार की जो उनकी सृजन प्रेरणा में विशेष रूप से सहायक हुई।

जहाँ तक दार्शनिक अथवा सांस्कृतिक प्रभावों का संबंध है, भारत जी दर्शनशास्त्र के विद्यार्थी होने के उपरांत भी उससे विशेष प्रभावित न हो सके। पल्लवग्राही ज्ञान में वे स्वयं को अधिकांश कवियों, लेखकों जैसा मानते थे फिर भी इन सबसे बड़ी महत्ता वे अंतःप्रेरणा को देते थे जो जीवन की सबसे महत्त्वपूर्ण मानसिक प्रक्रिया है। जो मानव जीवन में समग्रता, संतुलन, पूर्णता एवं सौंदर्य आदि के प्रति आकर्षण और विश्वास उत्पन्न करती है। जिस समन्वयात्मक व्यापकता के प्रति तीव्र अन्वेषण

की भावना भारत जी अपने भीतर अनुभव करते थे, वह थी वर्तमान जीवन की जटिलताएँ एवं विसंगतियाँ। भारत जी स्वयं स्वीकार करते हैं : "आज की सामाजिक व्यवस्था और उसकी आधारगत आर्थिक व्यवस्था एवं मध्यम वर्ग के नवयुवक को अप्राकृतिक रूप से महत्त्वाकांक्षी और स्वप्नाभिलाषी बना देती है। क्योंकि एक ओर तो वह अपने स्कूल और कॉलेज में पढ़ाई जाने वाली पाठ्य-पुस्तकों से अपने-आपको महान् व्यक्ति (इण्डिविजुअल) बनाने की सोचता है, और दूसरी ओर अभिजात वर्ग की ऐश्वर्यशीलता उसे सहज ही आकर्षित करती है। और जो अतिभावुक होता है वह अभिलाषाओं का शिकार होकर सौंदर्य का भूखा, कल्पना के लड्डू खानेवाला रंगीन कवि हुए बिना नहीं रह सकता।"[3] अतः कवि की काव्य प्रेरणा स्वयं जीवन है। जीवन से ही वह अपने अनुभव कण लेता है और अनेक विषमताओं के बावजूद भी वह जीवन को ही समृद्ध बनाने के लिए अपने भाव-दीपों को प्रदीप्त करता है।

2. प्रक्रिया

अनुभूति से अभिव्यक्ति तक की अन्तर्यात्रा—बाह्य के आभ्यंतरीकरण एवं आभ्यंतरीकृत वस्तु को फिर से मूर्तित करने की दोहरी प्रक्रिया है जो अपनी रहस्यात्मक अर्थच्छवियों में कीट्स के 'दूरस्थ परियों के लोक-सी' या प्रसाद के 'दुरागत वंश रव-सी' प्रतीत होती है। इसी दूरी अथवा अंतराल को समझने, ग्रहण करने एवं सृजन-प्रक्रिया की विशिष्ट मनःस्थिति को विवेचित करने का प्रयास अनेक भारतीय और पाश्चात्य मनीषियों ने किया है। सृजन-प्रक्रिया कवि के अवचेतन और चेतन दोनों स्तरों से जुड़ी है। यह जितनी अनायास है उतनी ही सायास भी। कला-सृजन एक लम्बी साधना है। कवि एक सचेतन, सतत जागरूक और जीवंत प्राणी है जिसका 'भोक्ता' और 'स्रष्टा' व्यक्तित्व अपनी उभयमुखता में निरंतर क्रियाशील रहता है। कवि का 'भोक्ता' मन जीवन से निरंतर अपने लिए सामग्री एकत्र करता है और सृजन की तड़प या प्रेरणा अथवा उत्तेजना के क्षणों में यही अनुभव रचनात्मक बिंबों में शब्दायित होने लगते हैं। इसी कारण सृजन-प्रक्रिया कवि के निजी संस्कारों, रुचि, वैचारिक व भावनात्मक क्षमताओं, जीवनदर्शन और उसके स्वयं के दृष्टिकोण से जुड़ी रहती है। सभी कवियों की बनावट एक-सी नहीं होती। सभी का दृष्टिकोण भी एक-सा नहीं होता। इसी कारण एक ही अनुभूति विविध कवियों के विविध स्वरों में व विविध भंगिमाओं में ढलती है। इसी कारण बाणभट्ट के एक पुत्र ने पिता के आदेश पर ठूँठ को देखकर कहा था—'शुष्कोकाष्ठास्तिष्ठत्याग्रे' और दूसरे पुत्र ने उसी ठूँठ को देखकर कहा 'नीरसतरूरह विलसति पुरतः।'

काव्य-सृजन की प्रक्रिया के विविध स्तरों को समझने व रेखांकित करने का प्रयास विद्वानों ने किया है। वास्तव में यह व्यक्तिगत मनोविज्ञान का विषय है। हेराल्ड आस्बोर्न अपने ग्रन्थ Aesthetics and Criticism में लिखते हैं कि कला निर्माण में

चेतन-अवचेतन के प्रधान क्रियात्मकता के कारण दो क्षणों की प्रधानता है :

प्रथम : सृजन कार्य का प्रारंभिक सूत्र या बीजारोपण का क्षण।

द्वितीय : सृजन के अमूर्त भाव को मूर्त स्वरूप देने का, सँवारने का क्षण।

किंतु गजानन माधव मुक्तिबोध के विचार में 'कला' का पहला क्षण है जीवन का उत्कट तीव्र अनुभव क्षण। दूसरा क्षण है उस अनुभव का अपने कसकते-दुखते मूलों से पृथक् हो जाना और एक फेण्टेसी का रूप धारण कर लेना, मानो वह फेण्टेसी अपनी आँखों के सामने खड़ी हो। तीसरा और अंतिम क्षण है इस फेण्टेसी के शब्दबद्ध होने की प्रक्रिया।[4]

डॉ. जगदीश गुप्त भी प्रकारांतर से इसी निष्कर्ष पर पहुँचते हैं कि सृजन-प्रक्रिया पाँच स्तरों पर गतिमान होती है :

(1) बाह्य संपर्क, त्याग, ग्रहण या उपेक्षा में से कोई एक भाव
(2) सानुपातिक संतुलन प्रतिक्रियाओं का संश्लेषण स्थिरीकरण
(3) आंतरिक संश्लेषण
(4) रचनात्मक अभिव्यक्ति
(5) प्रभावोत्पादकता।[5]

उपर्युक्त मतों के आधार पर सृजन-प्रक्रिया के तीन स्तरों या क्षणों अथवा सोपानों को हम मान सकते हैं—प्रथम, जिज्ञासा अथवा जीवन का तीव्र अनुभव खंड। भारत जी ने अपने निबंध 'लेखक की मान्यताएँ साधक या बाधक' में इस स्तर को इस प्रकार विवेचित किया है।

"कलाकार यानी लेखक जीवन को देखता, भोगता है, अपनी कल्पना से अपने अनुभवों को क्रम और स्वरूप देता है, फिर अंत में अपनी सृजन शक्ति से उन्हें कलात्मक अभिव्यक्ति देता है। मोटे तौर पर सृजन-प्रक्रिया के यही तीन स्तर हैं, और इन तीनों में ही उसकी मान्यताओं का यथेष्ट योग होता है। जीवन को देखने, भोगने में उसकी सामाजिक-राजनीतिक मान्यताएँ साथ रहती हैं, अनुभवों को क्रम और स्वरूप देने में उसकी दार्शनिक मान्यताएँ उसके साथ होती हैं। और उनकी कलात्मक अभिव्यक्ति में उसकी साहित्यिक और कला सम्बन्धी मान्यताएँ साथ रहती हैं।"[6]

भारत जी के कथन से स्पष्ट है कि सृजन-प्रक्रिया एक दीर्घ प्रक्रिया है जिसमें नैरंतर्य है, जो काल का एक अविच्छिन्न प्रवाह है जिसमें मानवजाति के तत्त्वबोध, रागबोध एवं सौन्दर्यबोध का संगम होता है और वहीं कवि की मर्यादा व अनुशासन है।

सृजन-प्रक्रिया का द्वितीय स्तर या क्षण तब उपस्थित होता है जब कवि अथवा साहित्यकार 'जिज्ञासा' अथवा अनुभव क्षण की सार्थकता के लिए बिंब खोजता है, उसमें शब्द संवेदनाएँ जाग्रत होती हैं और उसके अनुभव क्षण अपने कसकते, दुखते

हुए मूलों से अलग होकर अन्य मानसिक तत्त्वों से जुड़ता हुआ मानसपटल पर अपने को प्रक्षेपित कर स्वयं ही बदल जाता है। यहीं आकर अनुभव खंड रचना का रूप धारण करने लगते हैं और रचनाकार को स्पष्ट दिखाई देने लगता है कि उसे अपने अनुभव खंडों को किस रूप में प्रस्तुत करना है। भारत जी स्वयं अपनी कविता 'विदेह' की सृजन-प्रक्रिया के संबंध में लिखते हैं—"दिल्ली आए मुझे चार-पाँच साल हो गए थे और बस में मुझे घोर कष्ट महसूस होता था। 'विदेह' जब रची गई उसके लगभग साल भर पहले बीच-बीच में एक कविता मेरे मन में उठती थी। बस कविता यह थी कि एक सुंदर महिला बस में चढ़ी है और घर लौटकर अपने पति से कहती है कि अब मैं सती नहीं रही, अब मैं तुम्हारे काम की नहीं रही क्योंकि मेरा हाथ उसने नोच लिया है और पैर नोच लिया है, केश उसने नोच लिए हैं और कुच उसने नोच लिए हैं। यह कविता बराबर मेरे मन में उठती रहती थी, पर क्योंकि मेरा उससे संतोष नहीं होता था, जो बात मैं ढंग से कहना चाह रहा था वह नहीं आ रही थी, इसलिए उसे भूल गया...

यह बात बिलकुल सही है कि जिस दिन मैंने 'विदेह' लिखी है उससे पाँच मिनट पहले भी आप पूछते कि कोई कविता लिख रहे हैं तो मैं कहता नहीं। वह कविता एकदम फ्लैश की तरह मेरे दिमाग में आई और आई भी समग्र रूप में। उसी रूप में मैंने लिख ली।"[7]

3. प्रयोजन

काव्य-सृजन की प्रेरणा और प्रक्रिया पर विचार करने के पश्चात् अब प्रश्न उठता है कि काव्य का प्रयोजन क्या है, कवि किसलिए लिखता है ? काव्य जब से लिखा जा रहा है, लगभग तभी से इस प्रश्न का उत्तर देने का प्रयास विद्वानों ने अपने-अपने युगबोध एवं दृष्टिकोण के अनुसार दिया है—"काव्य यशसे अर्थकृते, व्यवहारविदे, शिवेतररक्षतये, सद्यःपरनिवृतये कान्तासम्मितयोपदेशयुजे।"

अर्थात् काव्य का प्रयोजन यश, धन, व्यवहारज्ञान, अमंगल का नाश एवं परानंद की प्राप्ति है। काव्य लोकोत्तर आह्लाद की सृष्टि करता है। संस्कृत के अधिकांश आचार्यों के अनुसार काव्य आनंद के लिए है। काव्य 'कला' है और कला के 'कलावादी' 'उपयोगितावादी' जीवनवादी, अभिव्यंजनावादी, आनंदवादी आदि अनेक पाश्चात्य और भारतीय व्याख्याओं में हमें काव्य के प्रयोजन संबंधी विविध दृष्टिकोण मिलते हैं। वास्तव में कवि किसलिए लिखता है अथवा उसके काव्य का प्रयोजन क्या है ? इस संबंध में आलोचकों या काव्यशास्त्रीय मानदण्डों का निर्धारण जितना आवश्यक है उतना ही यह जानना भी आवश्यक है कि कवि स्वयं अपने काव्य प्रयोजन के बारे में क्या सोचता है। भारत जी की कविताओं और भूमिकाओं से स्पष्ट है कि भारत जी काव्य का प्रयोजन आत्माभिव्यक्ति को मानते हैं[8] किंतु यह

आत्माभिव्यक्ति मात्र उनके अपने लिए नहीं उसमें जीवन के, विश्व के कल्याण की दृष्टि होनी चाहिए। भारतीय संस्कृति के उदार कालजयी परिपार्श्व में काव्य के साथ हमेशा लोकमंगल का उद्देश्य जुड़ा हुआ है, भारत जी इसी की संपुष्टि करते हैं—"कविता का उद्देश्य व्यक्ति की इकाई और समाज की व्यवस्था के बीच संबंध को स्वर देना और उसको शुभ बनाने में सहायता करना है, तो हिंदी के कवि को समाज से नाराज होकर भागने के बजाय समाज की उस शोषण सत्ता से लड़ना होगा जिसने उसको कोरा स्वप्नाभिलाषी बनाकर छोड़ा है, और जिसने उसको अपनी कविता को ही एकमात्र संपत्ति मानने के भ्रम में डाला है। इस संघर्ष के पथ पर अपने अनुभवों को यदि वह पद्यबद्ध करेगा तो पाएगा कि उसकी कविता केवल मर्मस्पर्शी और सशक्त ही नहीं, वरन् साथ ही उसको अधिक ज्ञानी और सामाजिक बनानेवाली भी है। तब कविता उसके हाथ में एक मूल्यवान् अस्त्र की भाँति होगी, आज की तरह अपार्थिव अस्तित्वहीन फूलों की सेज नहीं।"[9] इसी कारण भारत जी की कविताओं में कवि के निजी राग-विरागों की अभिव्यक्ति होते हुए भी उसमें सार्वजनीयता का संस्पर्श है। निराशा, कुंठा, पलायनवादी स्वर होते हुए भी आशा के भाव निःसृत हुए हैं।

भारत जी काव्य में शिल्प की महत्ता को उतनी स्वीकृति नहीं देते जितनी कथ्य को। कविता का प्राण-तत्त्व है अनुभूति। अलंकरण तो उसके रूप का होता है। भारत जी परंपरावादी नहीं हैं, किंतु कोरे प्रयोगवादी भी नहीं हैं। उनके विचार में परंपरा का स्वस्थ जीवंत रूप सदैव ग्राह्य होता है और निर्जीव रूढ़ियों को तोड़कर नये प्रयोग करना भी आवश्यक है।

अतः भारत जी जीवन से प्रेरणा ग्रहण करते रहे और जीवन के लिए ही लिखते रहे। अपने प्रगतिवादी संस्कारों के बावजूद भारत जी काव्य की सापेक्षता को नहीं भूलते। कविता कवि की आत्माभिव्यक्ति है। इस प्रबल विश्वास के साथ-साथ वे कविता की सैद्धांतिक कलावादी व्याख्या को स्वीकृति नहीं देते। भारत जी इस धरती के कवि हैं। धरती के रूप, रस, गंध और शब्द से उनकी चेतना अनुप्राणित है। वे जीवन के गायक हैं। अपने काव्य की प्रेरणा, सृजन-प्रक्रिया और अनुभूतिप्रवण कवि की उदात्तता के साथ-साथ एक सजग पाठक की ग्रहणशीलता की शक्ति और गरिमा भी झलकती है। भारत जी ने अपने काव्य पर कवि और पाठक दोनों के दृष्टिकोण से विचार किया है और इसीलिए उनके विचार इतने प्रौढ़, परिमार्जित, तथ्यपरक और सुलझे हुए हैं।

संदर्भ

1. प्रसंगवश : भारतभूषण अग्रवाल, पृ. 12
2. वही, पृ. 13
3. वही, पृ. 13
4. एक साहित्यिक की डायरी : गजानन माधव मुक्तिबोध, पृ. 19
5. कवितांतर : भूमिका, जगदीशचंद्र गुप्त, पृ. 48
6. प्रसंगवश : भारतभूषण अग्रवाल, पृ. 105
7. सैनिक समाचार : लेख : रणवीर रांग्रा
8. प्रसंगवश : भारतभूषण अग्रवाल, पृ. 108
9. वही, पृ. 13

द्वितीय अध्याय

युग-विश्लेषण

सच्चा संवेदनशील कलाकार बाह्य प्रभावों को आत्मसात् करने के लिए सदैव सक्रिय रहता है। बाह्य आग्रहों व अनुरोधों को अपने संवेदनशील विवेक द्वारा ग्रहण कर, उन्हें आत्मसात् कर वह अपने संवेदनात्मक अंतर्जीवन से मिलाकर, उसे नये ढंग से सजा-सँवारकर अपनी रचना में प्रस्तुत करता है। अतः स्पष्ट है कि प्रत्येक कलाकार अपने युग के घात-प्रतिघातों, स्थिति-परिस्थिति से सदैव प्रेरणा ग्रहण करता है। इसी तथ्य को दृष्टिगत रखते हुए कलाकार की कलाकृति में व्यक्त भावों के प्रेरक तत्त्वों को खोलने के लिए कलाकार के युग को जानना आवश्यक होता है। इसी आधार पर भारत जी के काव्य के मूल प्रेरक तत्त्वों को प्रगतिवाद, प्रयोगवाद व नयी कविता की युगीन पृष्ठभूमि में आँकना समीचीन होगा।

प्रत्येक युग के अपने आदर्श, सिद्धांत और मानदंड होते हैं जो विशेष प्रकार की परिस्थितियों से प्रेरित होकर साहित्य की अंतर्धारा में प्रवाहित होते हैं। हर युग अपने साथ कुछ नवीन परिस्थितियाँ, समस्याएँ एवं मान्यताएँ लेकर आता है और इन्हीं मान्यताओं एवं परिस्थितियों से प्रत्येक युग का कलाकार प्रभावित होता रहा है और होता रहेगा। वास्तव में युग के सत्य से ही साहित्य अपने प्राण रस को प्राप्त करता है।

किंतु किसी भी युग की समाप्ति सहसा नहीं होती और न ही कोई युग अकस्मात् अपने आगमन की सूचना देता है। अतः साहित्य की धारा में जो भी परिवर्तन होते हैं, धीरे-धीरे ही होते हैं।

कोई भी काव्यधारा अपने पूर्व रूप को अनायास छोड़ नहीं देती। नवीन परिवेश में पूर्ववर्ती रूप भाव अथवा शिल्प किसी न किसी रूप में अवश्य झलका करता है। प्रायः ऐसा कभी नहीं होता कि एक युग अपने विकास की चरमसीमा पर हो

और दूसरा नवीन युग उसके स्थान पर प्रतिष्ठित हो जाए। यह स्वाभाविक भी प्रतीत नहीं होता। नवीन युग का आगमन तब ही होता है जब पूर्व युग अपनी भूमिका सफलता से निभा चुका होता है।

यद्यपि हम दो युग के बीच स्पष्ट विभाजक रेखा अंकित नहीं कर सकते कि इस विशेष बिंदु से एक धारा का प्रारंभ हुआ है और इस विशेष बिंदु से दूसरी धारा का प्रारंभ हुआ है। फिर भी सुविधा की दृष्टि से, विशेष घटनाओं एवं प्रमाणों के आधार पर हम दो युगों के बीच काल विभाजक रेखा खींच लेते हैं। अतः इसी आधार पर सन् 1936 के वर्ष को छायावाद का अंत और प्रगतिवाद के प्रारंभ का वर्ष स्वीकार किया जा सकता है।

सन् 1936 का वर्ष राजनीतिक, आर्थिक, सामाजिक एवं साहित्यिक दृष्टि से नयी चेतना व नये उन्मेष का युग था। इसी समय साहित्य व राजनीति ने भी नयी करवट ली। इस समय साहित्य व राजनीति ने अपने पूर्ववर्ती आदर्शों, आध्यात्मिकता एवं भावुकता के रुपहले पर्दे को चीरकर यथार्थवादी बौद्धिकता व भौतिकता का वरण किया। छायावादी कवि जो अपने स्वप्निल सौंदर्य एवं अतींद्रिय लोक की कल्पना में खोया रहता था अब यथार्थ की कठोर पथरीली भूमि पर पैर जमाने लगा। राजनीतिक, सामाजिक व आर्थिक परिवेशों में भी पर्याप्त अंतर हुए जिनसे इस युग का कलाकार भी असंपृक्त न रह सका।

1. राजनीतिक परिवेश

हिंदी साहित्याकाश में भारतभूषण अग्रवाल का आविर्भाव ऐसे संक्रांति काल में हुआ जब एक ओर छायावाद चरमोत्कर्ष पर पहुँचकर ह्रासोन्मुखी प्रवृत्तियों की ओर अग्रसर हो रहा था तो दूसरी ओर प्रगतिवाद नवीन जीवन-दर्शन के अंकुर लेकर विकसित हो रहा था। इसी समय सन् 1936 में जवाहरलाल नेहरू के सभापतित्व में लखनऊ में कांग्रेस का अधिवेशन हुआ जिस पर समाजवादी प्रभाव स्पष्ट परिलक्षित होते हैं। सन् 1937 के चुनावों के पश्चात् कांग्रेस मंत्रिमंडल बने। चुनावों से पूर्व कांग्रेसी मंत्रिमंडलों ने किसान व मजदूरों से उनके हितार्थ कई वादे किए थे किंतु चुनाव के पश्चात् कांग्रेस मंत्रिमंडल ने इस ओर विशेष ध्यान न दिया। परिणामस्वरूप मजदूरों एवं किसानों में तीव्र असंतोष एवं आक्रोश व्याप्त हो गया। अखिल भारतीय कांग्रेस की स्थापना हुई। भारत में पहली बार श्रमिक आंदोलन हुआ जिसमें कई बड़े किसान सम्मिलित हुए जिनका प्रभाव तत्कालीन भावुक कवि के हृदय पर भी पड़ा और वह मजदूर व किसान का प्रबल हिमायती बनकर पूँजीवाद व साम्राज्यवाद से टक्कर लेने के लिए अग्रसर हुआ। भारतभूषण अग्रवाल, शिवमंगल सिंह सुमन, रांगेय राघव, नागार्जुन आदि कवियों की कविताएँ इस संबंध में उल्लेखनीय हैं।

एक सितंबर सन् 1939 को द्वितीय महासमर प्रारंभ हो गया। युद्ध की विभीषिका

एवं अंग्रेज़ों की नीति से कविहृदय क्षुब्ध हो उठा। इसी समय सन् 1942 में 'भारत छोड़ो' आंदोलन ने स्पष्ट शब्दों में स्वाधीनता की माँग की। शासक वर्ग ने बड़ी निर्ममता से विद्रोह को कुचलने का प्रयास किया। जनता पर इसकी तीव्र प्रतिक्रिया हुई। समस्त भारतभूमि 'करो या मरो', 'तुम मुझे खून दो, मैं तुम्हें आजादी दूँगा' के नारों से गूँजने लगी। साहित्य पर भी इसका व्यापक प्रभाव परिलक्षित होता है।[1] कवियों ने स्वतंत्रता की बलिवेदी पर शहीद होने वाले वीरों को अपनी श्रद्धांजलियाँ अर्पित कीं और साम्राज्यवादी रक्तपिपासुओं के प्रति अपना तीव्र आक्रोश अभिव्यक्त किया।

15 अगस्त सन् 1947 को भारताकाश में स्वतंत्र सूर्य अपनी नवीन प्रभामय रश्मियों को लेकर अवतरित हुआ, किंतु इस सूर्य की रश्मियाँ अपने साथ कई विकराल समस्याएँ लेकर उपस्थित हुईं। देश स्वतंत्रता का प्रसाद चख भी नहीं पाया था कि देश विभाजन की समस्या सम्मुख खड़ी थी। अंग्रेज़ भारत को स्वतंत्रता तो प्रदान कर गए थे, किंतु साथ ही सांप्रदायिकता का जहरीला बीज भी बो गए। समस्त देश सांप्रदायिकता की आग में झुलस रहा था। कलाकार का संवेदनशील हृदय शिशुओं का करुण क्रंदन, नृशंसता, क्रूरता और भीषण नरसंहार को देखकर रो उठा।[2] अंग्रेज़ों द्वारा दूसरा पुरस्कार शरणार्थी समस्या का प्राप्त हुआ। इन समस्याओं से भारत मुक्त भी न हो पाया था कि जनवरी 30, सन् 1948 को अहिंसा के पुजारी की हिंसा द्वारा हत्या कर दी गई। जो व्यक्ति जीवनपर्यंत सांप्रदायिकता के विरुद्ध लड़ता रहा वही सांप्रदायिकता की गोली का शिकार बना। कवि का हृदय कराह उठा। हत्यारा कवि के लिए रावण, कंस, दुर्योधन और हिरण्यकशिपु से कम न था।[3]

स्वातंत्र्योत्तर मोहभंग, नैतिक अवमूल्यन, सत्ता के लिए छीना-झपटी और पेशेवर राजनीतिक वर्ग के उदय[4] ने निराशा, अनास्था, कुंठा, अनिश्चय, असंतोष आदि भावों को प्रश्रय दिया। व्यक्तिवादी प्रवृत्ति पाश्चात्य जीवनदर्शन का आधार लेकर अहम्मन्यता और अतिवैयक्तिकता के रूप में प्रतिफलित हुई। इन सभी प्रवृत्तियों से संवेदनशील कवि होने के कारण भारतभूषण अग्रवाल भी असंपृक्त न रह सके।

2. आर्थिक परिवेश

अंग्रेज़ साम्राज्यवादी स्वार्थी शोषक ने राजनीतिक दृष्टि से ही नहीं आर्थिक दृष्टि से भी भारतीय जनता का रक्त चूसा था। आर्थिक दृष्टि से देश की स्थिति अत्यंत दयनीय थी। इसका मूल कारण निरंतर दो सौ वर्षों तक होनेवाला साम्राज्यवादी शोषण था।[5]

देश को घोर आर्थिक विपन्नता का सामना करना पड़ रहा था। नये-नये करों व टैक्सों के भार से सामान्य जनता की स्थिति अत्यंत करुणाजन्य हो गई थी। भारतीय किसान ग्रामों को छोड़कर रोजगार की तलाश में शहरों की ओर उन्मुख हो रहा था जहाँ पूँजीपति सर्प उसे डसने के लिए पहले से ही विद्यमान था। उत्पादन के साधनों

पर व्यक्ति विशेष के अधिकार, गृह-उद्योगों के यंत्रीकरण तथा मध्यमवर्ग की छोटी-से छोटी आवश्यकता की पूर्ति न होने से निराशा, कुंठा और असंतोष का वातावरण व्याप्त हो गया था।[6] अंग्रेज़ों ने देश के औद्योगीकरण का प्रयत्न किया अवश्य, किंतु इसके परिपार्श्व में भी उनका शोषण ही था।

दूसरी ओर द्वितीय महायुद्ध तथा बंगाल के अकाल ने भी आर्थिक विपन्नता में पर्याप्त सहयोग प्रदान किया। इस आर्थिक समस्या से देश स्वतंत्रोपरांत भी मुक्ति प्राप्त न कर सका। स्वतंत्रता के प्रारंभिक वर्षों में सरकार ने इस ओर विशेष ध्यान नहीं दिया, किंतु खाद्य समस्या निरंतर बढ़ती जा रही थी। देश विभाजन, शरणार्थियों का आवागमन, काश्मीर समस्या, महँगाई, बेकारी आदि समस्याओं ने आर्थिक स्थिति को और अधिक जर्जर कर दिया।

सरकार ने सुधार की दृष्टि से पंचवर्षीय योजनाओं का आयोजन किया और खाद्यान्न समस्या पर विशेष बल दिया, किंतु विशेष सफलता प्राप्त नहीं हुई। प्रतिक्रिया-स्वरूप कवियों ने व्यंग्यपूर्ण काव्य की रचना की। इस आर्थिक विपन्नता से सर्वाधिक प्रभावित हुआ निम्न एवं मध्यवर्ग। बढ़ती हुई महँगाई, बेकारी और शोषण ने आर्थिक पराभव का दृश्य तो उपस्थित किया ही साथ ही क्षोभ, निराशा, असंतोष, एवं कुंठा को भी प्रश्रय दिया जिसकी प्रतिक्रिया दो रूपों में प्रस्फुटित हुई।

(1) विद्रोह और विकास की समाजवादी प्रवृत्ति।

(2) निराशा और ह्रास की व्यक्तिवादी प्रवृत्ति।

भारतभूषण अग्रवाल में ये दोनों ही प्रवृत्तियाँ समान रूप से रूपायित हुई हैं।

3. सामाजिक एवं सांस्कृतिक परिवेश

उपर्युक्त राजनीतिक एवं आर्थिक घात-प्रतिघातों से गुजरता भारतीय जन-जीवन अपने सामाजिक एवं सांस्कृतिक संदर्भों में भी कम रोचक नहीं है। तत्कालीन राजनीतिक व आर्थिक असंतुलन ने भारतीय जीवन में हीनता की भावना को पोषित किया। अंग्रेज़ी साम्राज्यवादियों ने समाज में वर्ग भेद की स्थापना की, जिसके फलस्वरूप मनुष्य को मुक्त विकास का अवसर और अधिकार प्राप्त नहीं हुआ और उसका शोषण हुआ। भारतीय जन-जीवन तीन वर्गों में विभक्त हो गया : (1) पूँजीपति वर्ग (2) मध्यवर्ग (3) निम्न वर्ग। इस वर्गभेद से स्वार्थ लिप्सा को प्रश्रय मिला। प्रत्येक वर्ग केवल अपने व्यक्तिगत स्वार्थ की ओर ही उन्मुख हो रहा था। यद्यपि निम्नवर्ग ने अनेक अवसरों पर अपने व्यक्तिगत स्वार्थ से हटकर देशहित को अधिक महत्त्व प्रदान किया किंतु उच्चवर्ग पूर्णतया अपनी व्यक्तिगत स्वार्थलिप्सा में ही लिप्त रहा। इन दोनों के बीच मध्यवर्ग की स्थिति त्रिशंकु सी थी। एक ओर तो इस वर्ग ने राष्ट्रीय आंदोलन में महत्त्वपूर्ण भूमिका निभाई दूसरी ओर कई स्थानों पर दुर्बलता भी प्रदर्शित की।

अंग्रेज़ी शिक्षा के प्रचार एवं प्रसार ने बाबू वर्ग का विकास किया। इस वर्ग की स्थिति अत्यंत शोचनीय थी। क्योंकि परंपरागत कृषि व्यवसाय की ओर इस वर्ग को अरुचि थी और उच्च शिक्षा और ऊँचे-ऊँचे पदों की ओर अत्यधिक झुकाव था, किंतु अंग्रेज़ों की शोषण नीति में इनके लिए स्थान नहीं था। परिणामस्वरूप आपकी स्वप्निल आशाओं की पूर्ति होते न देखकर यह वर्ग पलायनवादी वृत्तियों की ओर उन्मुख हुआ। एक सीमा तक पराजित होकर अंतर्मुखी ही हो गया।

पाश्चात्य शिक्षा-दीक्षा, रहन-सहन और विचारविशेष का भी व्यापक प्रभाव पड़ा। यद्यपि जाति-पाँति के विरोध में इससे पूर्व ही प्रयास किए गए थे किंतु अब अंग्रेज़ी शिक्षा के प्रचार से नयी चेतना के कर्णधारों में जाति प्रथा के विरोध में और अधिक प्रेरणा जाग्रत हुई। जातीयता पर प्रहार होते ही अस्पृश्यता का प्रश्न भी कुछ मात्रा में हल हुआ। डॉ. अम्बेडकर ने 'अखिल भारतीय बौद्ध संघ' की स्थापना की। अब मंदिरों में शूद्रों एवं हरिजनों को भी सवर्ण हिंदुओं के साथ स्थान मिलने लगा।

सन् 1936 में प्रगतिशील संघ का प्रभाव भारतीय नारी पर भी पड़ा। नारी घर की चारदीवारी को तोड़ राजनीति के खुले प्रांगण में उतर आई। शताब्दियों से जो नारी शोषित और पतितावस्था में थी अब उसमें पर्याप्त चेतना जाग्रत हो गई। कांग्रेस के चुनावों में नारियों ने भी भाग लिया और मंत्रिमंडलों में महत्त्वपूर्ण पदों पर कार्य किया। नारी संबंधी दृष्टिकोण के परिवर्तन से काव्य में भी नारी संबंधी धारणाओं में अंतर आया और यह यौन मात्र के घेरे से निकलकर मानवी के रूप में प्रतिष्ठित हुई। नारी जागरण के परिप्रेक्ष्य में पाश्चात्य जीवन दर्शन एवं शिक्षा का भी हाथ था। गाँधी जी के प्रयासों से भी नारी को सांस्कृतिक भूमिका प्रदान की गई और समाज में प्रतिष्ठा प्राप्त हुई।

नैतिकता एवं आदर्शों के प्रति भी समाज के दृष्टिकोण में परिवर्तन उपस्थित हुआ। परम्परागत मानवीय मूल्यों एवं आदर्शों की नींव हिलने लगी। द्वितीय महायुद्ध एवं तत्कालीन विषम परिस्थितियों और वैज्ञानिक विकास ने मानव मन को आदर्श के कुहासे से निकालकर यथार्थ की भूमि पर प्रतिष्ठित किया।[7]

सांस्कृतिक क्षेत्र में भी देश प्रगति की ओर उन्मुख हो रहा था। सांस्कृतिक चेतना छायावाद के अवसान से पूर्व ही आ गई थी। देश में अनेक चिंतकों, उपदेशकों, नेताओं, कवियों की जयंतियाँ मनाई जाने लगी थीं। प्रगतिशील लेखक संघ से साहित्य की अन्तर्धारा तो प्रभावित हुई ही, सांस्कृतिक चेतना में भी पर्याप्त जागृति उत्पन्न हुई। स्वतंत्रोपरांत भी सरकार ने इस क्षेत्र में महत्त्वपूर्ण कार्य किए। अनेक ललित कलाओं संबंधी संस्थाओं के आयोजन किए गए, देश-विदेश से सांस्कृतिक आदान-प्रदान हुए जिसका प्रभाव साहित्य के क्षेत्र में भी पड़ा।

4. साहित्यिक परिवेश

प्रगतिवाद भारतभूषण अग्रवाल के काव्य-सृजन का प्रस्फुटन काल था और प्रयोगवाद एवं नयी कविता उनके विचारों, मान्यताओं, जीवनदर्शन की प्रस्थापना का युग रहा।

द्विवेदी युग की इतिवृत्तात्मकता, स्थूल दृष्टि, नीतिपरक एवं आरोपित आदर्शवाद की प्रतिक्रियास्वरूप हिंदी काव्यधारा सर्वथा नवीन दिशा की ओर प्रवाहित हुई। इस काव्यधारा को छायावाद की अभिधा प्रदान की गई। छायावादी कवि ने सामाजिक एवं राजनीतिक वस्तुस्थिति को भिन्न रूप से ग्रहण किया। सामाजिक एवं राजनीतिक दृष्टि से यह युग घोर निराशा का युग था। विदेशियों का घोर दमनचक्र अपनी चरमसीमा पर था। इन्हीं कारणों से इस युग का कवि स्वयं को अधिक दीन, निरुत्साहित और अक्षम अनुभव कर रहा था। इस विषम स्थिति से मुक्त होने के लिए इस युग के कवि ने प्रकृति के रम्य सौंदर्य में कोमल एवं स्वप्निल कल्पनाओं से युक्त अतींद्रिय लोक की कल्पना की। संक्षेप में वह प्रकृति एवं नारी सौंदर्य के द्वारा अपनी मानसिक तुष्टि का प्रयत्न करता रहा। यद्यपि छायावादी कविता में भाषा की अतिशय रंजना, कल्पना की सूक्ष्म उड़ान, शैलीगत अमूर्त प्रयोग के कारण अपने पूर्ववर्ती काव्य से विशेष महत्त्व रखती थी किंतु काव्य का पथ जनजीवन से कटा होने के कारण तथा समष्टिगत दृष्टि के अभाव के कारण छायावाद अधिक समय तक भारतीय जीवन के मध्य पोषण प्राप्त न कर सका।[8] परिणामस्वरूप जीवन के कठोर यथार्थ से अनुप्राणित भावधारा प्रगतिवाद के नाम से छायावाद की प्रतिक्रियास्वरूप हिंदी साहित्य में प्रस्फुटित हुई। अतः "युग की आवश्यकताओं और आकांक्षाओं को जानने वाले एक नवीन समुदाय का साहित्य के बीच आविर्भाव हुआ, जिसने अपने आपको प्रगतिवादी कहा और जिसकी रचना प्रगतिशील कही गई।"[9]

सन् 1935 में पेरिस में 'प्रगतिशील लेखक संघ' की स्थापना हुई जिसके सभापति ई. एम. फॉर्स्टर थे। इस संघटन से प्रेरणा ग्रहण कर डॉ. मुल्कराज आनंद, सज्जाद जहीर, भवानी भट्टाचार्य आदि भारतीय लेखकों ने लंदन में भारतीय प्रगतिशील लेखक संघ की स्थापना की। भारत में इसका प्रथम अधिवेशन सन् 1936 में मुंशी प्रेमचंद के सभापतित्व में संपन्न हुआ। अपने भाषण में प्रेमचंद ने साहित्यिक चेतना को नवीन बिंदु से उद्‌बुद्ध करने की प्रेरणा दी। "हमारी कसौटी पर केवल वही साहित्य खरा उतरेगा जिसमें उच्च चिंतन हो, स्वाधीनता का भाव हो, सौंदर्य का सार हो। जो सृजन की आत्मा हो, जीवन की सच्चाइयों का प्रकाश हो—जो हममें गति, संघर्ष और बेचैनी पैदा करे, सुलाए नहीं क्योंकि अब और ज्यादा सोना मृत्यु का लक्षण है।"[10]

अतः परिस्थितिगत घात-प्रतिघातों ने प्रगतिवादी काव्यधारा को विकसित होने में पर्याप्त प्रेरणा प्रदान की। युगीन विषमताओं ने प्राचीन आदर्शों एवं मान्यताओं

के प्रति कवि के दृष्टिकोण में परिवर्तन स्थापित किया। परिणामस्वरूप जीवन के कठोर यथार्थ को कवि ने बिना किसी आवरण के स्वीकार कर लिया। इस युग में जीवन की वास्तविकता ने जैसा उग्र आकार धारण कर लिया है, उससे प्राचीन विश्वासों में प्रतिष्ठित हमारे भाव और कल्पना के मूल हिल गए हैं। अतएव इस युग की कविता स्वप्नों में नहीं पल सकती। उसकी जड़ों को अपनी पोषण सामग्री ग्रहण करने के लिए कठोर धरती का आश्रय लेना पड़ रहा है।[11] अतः इस युग का कवि सर्वथा नवीन जीवन मूल्यों एवं मान्यताओं को लेकर आया और इसी कारण उसमें जीवन की वास्तविकताओं के प्रति प्रबल आकर्षण परिलक्षित होता है। यही नयी चेतना व नया स्वर हमें प्रयोगवाद व नयी कविता में भी दृष्टिगोचर होता है।

वैज्ञानिक आविष्कारों व पश्चिमी संस्कृतियों के संपर्क से भारतीय राजनीतिक-सामाजिक व आर्थिक जीवन तो प्रभावित हुआ साथ ही इस युग का साहित्यकार भी इन प्रभावों से अछूता न रह सका। फलतः हिंदी की प्रगतिवादी, प्रयोगवादी व नयी काव्यधारा पर विदेशी प्रभाव स्पष्ट रूप से परिलक्षित होता है। विदेशी आंदोलनों ने इन काव्यधाराओं के शैली शिल्प-पक्ष को ही अनुप्रेरित नहीं किया वरन् वस्तु-पक्ष पर भी यूरोप के आंदोलन का पर्याप्त मात्रा में प्रभाव पड़ा।

प्रतीकवाद : 19वीं शताब्दी में फ्रांस में प्रकृतवाद के विरुद्ध रोमांटिक प्रतिक्रिया के रूप में प्रतीकवाद का प्रादुर्भाव हुआ। बादलेयर, रिम्बो, वर्ले, मलार्मे आदि प्रतीकवादी आंदोलन के आधारस्तंभ हुए। प्रतीकवादियों के अनुसार मानव की अनुभूति प्रत्येक क्षण में परिवर्तित होती रहती है अतः एक ही भाषा और एक ही प्रकार की शब्द-योजना तथा उपमान उसे पर्याप्त अभिव्यक्ति देने में असमर्थ होते हैं। अतः कवियों को कुछ ऐसे शब्दों, उपमानों और विशेषणों का प्रयोग करना चाहिए जो इस क्षण-क्षण परिवर्तित होती हुई अनुभूति को सही अभिव्यक्ति देने में समर्थ हो। प्रतीकवादी आंदोलन का प्रभाव छायावादोत्तर हिंदी काव्यधारा पर पर्याप्त मात्रा में प्रतिफलित हुआ है। अज्ञेय की 'वह दीप अकेला', 'असाध्य वीणा', 'नदी के द्वीप' इत्यादि कविताओं में यह प्रभाव स्पष्ट परिलक्षित होता है। छंद मुक्ति का आग्रह तथा तुकांतता का विद्रोह भी प्रतीकवादियों व प्रयोगवादियों में समान रूप से दृष्टिगोचर होता है।

बिंबवाद : सन् 1909 में टी. ई. ह्यूम द्वारा बिंबवादी आंदोलन की प्रतिष्ठापना की गई। ह्यूम के विचारों से प्रभावित हो एज़रा पाउण्ड, रिचर्ड एलडिग्टन और एफ. एस. विलष्ट इत्यादि समसामयिक कवि उनके अनुयायी बन गए। सन् 1905 में 'सम इमेजिस्ट पोएट्स' काव्य संग्रह प्रकाशित हुआ, जिसने इस आंदोलन को सशक्तता प्रदान की।

बिंबवादियों के अनुसार कविता में कम से कम शब्दों का प्रयोग तथा चित्रात्मकता होनी चाहिए। शब्द भी ऐसे हों जो उस चित्र की सृष्टि करने में पूर्ण सहायक हों। अतः बिंबवादियों ने काव्य में शैली शिल्प के कसाव, संक्षिप्तता तथा मूर्तिमत्ता पर

विशेष बल दिया जिससे हिंदी काव्यधारा भी प्रभावित हुई। गिरिजाकुमार माथुर, शमशेर तथा अज्ञेय इस आंदोलन से विशेष रूप से प्रभावित हुए।

फ्रायड का मनोविश्लेषणवाद : अपने समय के प्रसिद्ध मनोविश्लेषक फ्रायड के अनुसार कलाकृतियों के सृजन में मूलतः कवि की दमित व कुंठित काम प्रवृत्तियों का योग रहता है। समाजगत भय व अन्य कारणों से मानव उन्हें व्यक्त नहीं कर पाता। फलतः अवचेतन मन में स्थित ये प्रवृत्तियाँ कला अथवा यौन विकृतियों के माध्यम से प्रकट होती हैं। मनोवैज्ञानिकों की यह मान्यता है कि अवचेतन मन में दमित व कुंठित इच्छाओं का पता 'फ्री एसोसिएशन' की पद्धति से लग सकता है।

फ्रायड के मनोविश्लेषणवाद से हिंदी के कवियों ने भी प्रेरणा ग्रहण की। नयी कविता में यौन बिंबों तथा यौन प्रतीकों के मूल में डी. एच. लारेन्स और फ्रायड का समर्थन कर यौन वर्जनाओं की सत्ता को स्वीकार किया गया है।

अतियथार्थवाद : प्रथम महायुद्ध के आसपास 'विकसित दादावाद' के समाप्त होने के उपरांत फ्रांस में अति-यथार्थवादी आंदोलन का प्रारंभ हुआ। सन् 1936 में लंदन में आयोजित एक चित्र प्रदर्शनी में इस आंदोलन के स्वरूप पर यथेष्ट प्रकाश डाला। प्रथम महायुद्ध की विभीषिका से सामाजिक मूल्यों के प्रति जो विघटन उत्पन्न हो गया था उससे जीवन में भीषण निराशा व्याप्त हो गई थी। नैतिकता का ह्रास हो चुका था। फलतः बाह्य यथार्थ की कटुता से ऊबकर कवियों ने अवचेतन मन का सहारा लिया और अवचेतन के आधार पर विकृत यथार्थ को स्वचलित लेखन का आदर्श मान अपनी रचनाओं में प्रस्तुत किया। इससे काव्य में अतियथार्थ अथवा नग्न यथार्थ के कामुक चित्रों की भरमार हुई। हिंदी का कवि भी इस आंदोलन के प्रभाव से असंपृक्त न रह सका। नयी कविता के अधिकांश कवियों में यह प्रवृत्ति स्पष्ट रूप से उभरकर प्रस्फुटित हुई है।

अस्तित्ववाद : अस्तित्ववादी चिंतनधारा का सूत्रपात सोरेन किर्केगार्ड, मार्टिन हेड्गर द्वारा तथा विकास, या रूप से बाल्का और ज्यां पाल सार्त्र आदि विचारकों द्वारा हुआ। अस्तित्ववादी दर्शन यूरोप का घोर व्यक्तिवादी, आत्मभोगी, अराजकतावादी तथा असामाजिक दर्शन है। अस्तित्ववादी अपने समस्त क्रियाकलापों के लिए पूर्ण रूप से स्वतंत्रता को स्वीकार करते हैं। अस्तित्ववादियों के अनुसार दुःख और पीड़ा अस्तित्व की अनुभूति का प्रधान अंग है, अतः इससे मुक्ति पाने की अपेक्षा स्वीकार कर लेना चाहिए। अस्तित्ववादी भूत व भविष्य की अपेक्षा क्षण की अनुभूति को अधिक महत्त्व देते हैं। हिंदी की नयी काव्यधारा में क्षणवादिता, आत्मोन्मुखता, व्यक्तिवादिता, निराशा व अवसाद के जो स्वर मुखरित हुए हैं उनके मूल में अस्तित्ववादी दर्शन का ही प्रभाव है।

विभिन्न यूरोपीय कवियों का प्रभाव : कतिपय विदेशी आंदोलनों से तो छायावादोत्तर हिंदी काव्यधारा ने पर्याप्त प्रेरणा ग्रहण की ही, साथ ही कुछ विदेशी

कवियों की विचारधाराओं ने भी हिंदी काव्यभूमि पर व्यापक रूप से अपने चिह्न अंकित किए। इन कवियों में टी.एस. इलियट, डी.एच. लारेन्स, डब्ल्यू.एच. आडेन तथा एज़रा पाउण्ड के नाम विशेष उल्लेखनीय हैं।

टी.एस.इलियट : प्रथम महायुद्ध के उपरांत अंग्रेज़ी काव्यधारा को नवीन स्वरूप प्रदान करने में टी.एस. इलियट का योगदान सराहनीय है। टी.एस. इलियट के काव्य में जिस जीवन दर्शन की झाँकी दृष्टिगोचर होती है वह वस्तुतः अनास्था व निराशा का जीवन दर्शन है। इलियट की 'दि वेस्ट लैण्ड' तथा 'हलोमन' कृतियों में इस जीवन दर्शन को देखा जा सकता है। दूसरी ओर इलियट स्वयं फ्रायड, बादलेयर तथा प्रतीकवादियों से प्रभावित है अतः इलियट से हिंदी की नयी कविता का शैली व शिल्पपक्ष ही नहीं वस्तुपक्ष भी व्यापक रूप से प्रभावित हुआ है। नयी कविता में जो संशय, निराशा व अनास्था के स्वर मुखरित हुए हैं उनके परिप्रेक्ष्य में इलियट का जीवन दर्शन ही है।

लारेन्स : लारेन्स आधुनिक युग के रूसो कहे जाते हैं। लारेन्स स्वयं फ्रायड के काम सिद्धांत से प्रभावित हैं। लारेन्स के अनुसार वर्तमान जीवन में इतनी वर्जनाएँ हैं कि मानव का काम संबंधी जीवन विरूप हो गया है, अतः काम-वृत्तियों के प्रति स्वस्थ व उचित दृष्टिकोण ही मानव को संतुलित बनाए रखता है। नारी के संबंध में लारेन्स नारी को पुरुष की प्रतिस्पर्धिनी स्वीकार करते हैं। लारेन्स के संपूर्ण साहित्य में नारी व पुरुष का द्वंद्व ही प्रतिफलित हुआ है। प्रयोगवाद व नयी कविता पर लारेन्स का प्रभाव स्पष्ट दृष्टिगोचर होता है। अज्ञेय जी ने तारसप्तक के वक्तव्य में साधारण से साधारण व्यक्ति को भी यौन-भावनाओं से आक्रांत बतलाया है।

डब्ल्यू एच. आडेन : अंग्रेज़ी कवि आडेन से भी हिंदी की नयी कविता ने पर्याप्त प्रेरणा ग्रहण की है। नयी कविता में जो सामाजिक वैषम्य व दुर्व्यवस्था तथा आशा व कर्म के स्वर प्रस्फुटित हुए हैं उन पर आडेन के जीवन दर्शन का प्रभाव ही प्रतिफलित हुआ है।

इस प्रकार सन् 1935 से लेकर 1975 तक, भारत जी की रचना यात्रा के राजनीतिक, आर्थिक, सामाजिक, सांस्कृतिक व साहित्यिक विकास सूत्रों के संक्षिप्त अनुशीलन से स्पष्ट है कि विविध पारिस्थितिक प्रभावों व साहित्यिक अंतर्धाराओं से प्रेरित व प्रभावित होकर भारत जी की रचना के विविध स्तर क्रियाशील हुए।

संदर्भ

1. यह शक्ति किसमें, बंद रखे सैनिकों को
   सन् बयालीस के तरंग बलिदानियों को —रामविलास शर्मा : रूपतरंग, पृ. 80
2. भाई की गरदन पर
   भाई का तन गया दुधारा
   सब झगड़े की जड़ है
   पुरखों के घर का बँटवारा
   पंच बना बैठा है घर में, फूट डालने वाला।
   मेरा देश जल रहा कोई नहीं बुझाने वाला—विश्वास बढ़ता ही गया : शिवमंगलसिंह सुमन, पृ. 49
3. शिवमंगलसिंह सुमन : पर आँखें नहीं भरीं, पृ. 101-102
4. यदि अंग्रेज़ी शासन की देन भारत में मध्यवर्ग का उदय है तो स्वराज्य की देन पेशेवर राजनीतिक वर्ग है। —सिद्धेश्वर प्रसाद, छायावादोत्तर काव्य, पृ. 41-42
5. शिवकुमार शर्मा : नया हिंदी काव्य, पृ. 15
6. डॉ. नामवरसिंह : हिंदी काव्य की प्रवृत्तियाँ
7. पिछले वर्षों में विज्ञान और भौतिक साधनों की जितनी उन्नति हुई है और उससे पूर्व और पश्चिम में संस्कृतियों का जो विकास हुआ है उसके विषय में कलाकारों, दार्शनिकों और संतों के सारे स्वप्न खंडित हो गए। उन्होंने यह देखा कि भौतिक विकास करने पर भी मनुष्य में प्रबल नैतिक निष्ठा विकसित नहीं हो पाई। वह पिछड़ा रह गया और धीरे-धीरे वह बिखरने लगा। यह बिखराव आधुनिक युग की समस्या थी और सबसे पहले आधुनिक कलाकारों, कवियों, लेखकों और चिंतकों ने उसे अनुभव किया।—धर्मवीर भारती : मानव-मूल्य और साहित्य, पृ. 177
8. छायावाद की असामयिक मृत्यु का एक प्रमुख कारण यह था कि उसमें जीवन से संबंधित किसी निश्चित रचनात्मक दृष्टिकोण का अभाव था। द्वितीय महायुद्ध की घुटन के दौरान छायावाद, रहस्यवाद के गीत अर्थहीन हो गए थे। छायावाद जीवन के उन तत्त्वों को आत्मसात् नहीं कर सका था जिनके कारण कोई भी साहित्य अधिक स्थायी हो पाता है। जिन सूक्ष्म तंतुओं से उसका निर्माण हुआ था वे संघर्षों के कठोर युग में उपयुक्त न थे। छायावाद वह रेशम था जिससे युद्ध तथा संकट के दिनों में सिपाहियों की वर्दी नहीं बन सकती थी। —हिंदी नवलेखन, रामस्वरूप चतुर्वेदी, पृ. 15
9. डॉ. केसरी नारायण शुक्ल : हिंदी काव्यधारा का सांस्कृतिक स्रोत, पृ. 199
10. मुंशी प्रेमचंद : साहित्य का उद्देश्य, पृ. 19
11. सुमित्रानंदन पंत : संपादकीय, रूपाभ, जुलाई 1938

तृतीय अध्याय

प्रयोगवाद और नयी कविता

छायावाद के उपरांत हिंदी में जो काव्य प्रवृत्तियाँ प्रकाश में आईं उनमें 'प्रयोगवाद और नयी कविता' विशेष उल्लेखनीय है। सामान्यतया सन् 1943 में 'तारसप्तक' के प्रकाशन के साथ प्रयोगवाद का प्रादुर्भाव माना जाता है। 'तारसप्तक' व उसकी परवर्ती रचनाओं को 'प्रयोगवाद' की अभिधा इसीलिए भी प्रदान की गई क्योंकि अपने वक्तव्य में अज्ञेय जी ने बार-बार 'प्रयोग' शब्द प्रयुक्त किया था। यद्यपि अपने वक्तव्य में अज्ञेय जी ने प्रयोगवाद शब्द प्रयोग न कर केवल 'प्रयोग' शब्द पर विशेष बल दिया किंतु फिर भी इस संपूर्ण काव्यधारा को प्रयोगवाद नाम से ही अभिहित किया जाने लगा। वस्तुतः "प्रत्येक युग की ही कविता प्रयोगवादी होती है क्योंकि वह वस्तु और शैली दोनों में अपनी पूर्ववर्ती कविता से भिन्न प्रयोग करके ही अपने आविर्भाव की घोषणा करती है परंतु इन दिनों यह विशेषण आधुनिक कविता की एक प्रवृत्ति विशेष के लिए प्रायः रूढ़ हो गया है।"[1]

किंतु अज्ञेय जी यह स्वीकार नहीं करते कि वे प्रयोगवादी हैं। आलोचकों की इन भ्रांत धारणाओं का खंडन उन्होंने 'दूसरा सप्तक' में किया है और स्पष्ट रूप से कहा कि "प्रयोग कोई वाद नहीं है हम वादी नहीं रहे हैं। न प्रयोग अपने आप में इष्ट या साध्य है। ठीक इसी तरह कविता का भी कोई वाद नहीं है, कविता भी अपने आप में इष्ट या साध्य नहीं है। अतः हमें प्रयोगवादी कहना उतना ही सार्थक या निरर्थक है जितना कि कवितावादी कहना।"[2] अतएव स्पष्ट है कि अज्ञेय जी इस संपूर्ण काव्यधारा को 'प्रयोगवाद' के नाम से अभिहित करना पसंद नहीं करते थे, किंतु 'तारसप्तक' के प्रकाशन से पूर्व ही निराला की रचनाओं में कथ्य एवं अभिव्यक्ति के स्तर पर नवीनता दृष्टिगोचर होती है। फिर भी तारसप्तक व उसके परवर्ती काव्य में वस्तु एवं शिल्पगत क्षेत्रों में विशेष रूप से नवीनता का आग्रह परिलक्षित

होता है। अतः इतने वाद-विवाद के उपरांत भी इस काव्यधारा को 'प्रयोगवाद' की ही संज्ञा प्रदान की गई। यद्यपि कतिपय आलोचकों ने यह भी स्वीकार किया कि यह समस्त कविताएँ प्रयोगवादी नहीं हैं।[3]

प्रयोगवाद के विकास में केवल दो सप्तकों और 'प्रतीक' पत्रिका ही सहयोगी नहीं वरन् 'पाटल', 'दृष्टिकोण', 'कल्पना', 'अजंता', 'धर्मयुग', 'निकष' आदि पत्रिकाओं ने भी प्रयोगवाद के विकास में पर्याप्त योगदान दिया है।

प्रयोगवाद के साथ ही एक अन्य नवीन काव्यधारा ने भी हिंदी साहित्य भूमि पर 'प्रपद्यवाद' के नाम से पदार्पण किया। यह काव्यधारा वस्तुतः प्रयोगवाद के विरोध में उद्भासित हुई थी। प्रपद्यवादी कवि स्वयं को नकेनवादी कहते हैं। बिहार के नलिन विलोचन शर्मा, केसरी कुमार तथा नरेश की रचनाओं का संकलन 'नकेन के प्रपद्य' नाम से प्रकाशित हुआ था। नकेनवादी स्वयं को विशुद्ध प्रयोगवादी विज्ञापित करते हैं अतः जहाँ अज्ञेय जी प्रयोग को साधन मानते हैं वहीं 'नकेनवादी' प्रयोग को साध्य के रूप में स्वीकार करते हैं।

इसी समय सन् 1954 में डॉ. रामस्वरूप चतुर्वेदी तथा डॉ. जगदीश गुप्त के संपादन में 'नयी कविता' नामक पत्रिका का प्रकाशन हुआ और जिस काव्य के ऊपर मात्र प्रयोगवाद का विवादग्रस्त आरोप और प्रत्यारोप लगाया जा रहा था उससे भिन्न स्तर पर सर्वथा विषयवस्तु की नवीनता को लेकर नयी कविता को प्रतिष्ठित करने की आवश्यकता अनुभव करके 1954 ई. में प्रयाग की 'साहित्य सहयोग' नामक सहकारी संस्था ने नयी कविता का प्रकाशन किया।[4] अतः जो काव्यधारा अब तक 'प्रयोगवाद' के नाम से प्रतिष्ठापित थी 'नयी कविता' के नाम से प्रतिष्ठापित की जाने लगी। कुछ आलोचकों को तो 'नयी कविता' की ध्वनि दूसरा सप्तक के प्रकाशन से ही सुनाई देने लगी।[5] वस्तुतः नयी कविता चेतना से संपन्न छायावादोत्तर युग की इस विशिष्ट समसामयिक कविता के लिए 'नयी कविता' अभियान का प्रयोग सबसे पहले सन् 1952 ई. में पटना आकाशवाणी की एक भेंटवार्ता में अज्ञेय जी ने किया था।[6] किंतु नयी कविता को एक विशिष्ट आंदोलन के रूप में प्रतिष्ठापित करने का श्रेय 'नयी कविता' नामक पत्रिका को ही है। इसी समय अज्ञेय जी के संपादकत्व में ही 'तीसरा सप्तक' प्रकाशित हुआ। 'तीसरा सप्तक' में ही नयी कविता की समस्त मान्य प्रवृत्तियाँ निश्चित रूप में उभरकर हमारे सम्मुख प्रस्फुटित होती हैं। अतः 'तारसप्तक' से जिस नवीन काव्यधारा का आरंभ हुआ था 'तीसरा सप्तक' तक पथ निर्धारण करते-करते वह पर्याप्त विकसित और प्रतिष्ठित हो चुकी थी और नयी कविता के रूप में प्रस्थापित हो चुकी थी। किंतु कतिपय समीक्षक तो संपूर्ण छायावादोत्तर काव्य को नयी कविता के नाम से अभिहित करना चाहते हैं। इन समीक्षकों में गिरिजाकुमार माथुर, बालकृष्ण राव[7] और आचार्य नंददुलारे वाजपेयी[8] प्रमुख हैं।

इसी आधार पर वाजपेयी जी ने बच्चन को संवेदना और शिल्प के स्तर पर नयी कविता का प्रथम प्रारंभकर्ता माना है।[9]

उपर्युक्त मंतव्य के ठीक विपरीत कुछ आलोचक नयी कविता के क्षेत्र को अत्यंत सीमित कर देना चाहते हैं। डॉ. शिवकुमार मिश्र सन् 1955 के पश्चात् लिखी गई कविताओं को ही नयी कविता के अंतर्गत स्वीकार करते हैं। नयी काव्यधारा से पूर्व प्रगतिवाद व प्रयोगवादी काव्यधारा से वे नयी कविता का कोई आंतरिक संबंध नहीं मानते।[10] कुछ ऐसी ही धारणा नरेश मेहता और श्रीकांत वर्मा में भी दृष्टिगोचर होती है।[11] उपर्युक्त धारणाओं के अतिरिक्त अधिकांश समीक्षक नयी कविता को प्रयोगवाद का विकसित रूप स्वीकार करते हैं। डॉ. जगदीश गुप्त का अभिमत है कि नयी कविता के उन्मेष और वादरहित मानवीय जीवन दृष्टि तथा विकसित एवं परिष्कृत सौंदर्यबोध ने प्रयोगवाद को दुर्गति तक पहुँचने या बिखर जाने से बचा लिया। यही नहीं, उसने उसके सार्थक तत्त्वों को नयी भूमिका प्रदान की तथा कला चेतना और शिल्पगत सजगता के अनेक पक्षों का उद्घाटन करते हुए उसे पूरी तरह आत्मसात् कर लिया।[12] डॉ. शंभूनाथ पांडेय ने भी स्पष्ट रूप से संकेत किया है, नयी कविता नाम के पीछे एक इतिहास है। सन् 1943 ई. में जब एक नये प्रकार और नयी ढंग की कविताएँ अज्ञेय के संपादकत्व में 'तारसप्तक' में प्रकाशित हुईं तो उनके रूप शिल्प संबंधी नये प्रयोगों को देखकर तथा 'तारसप्तक' के संपादकीय तथा कवियों के वक्तव्यों में 'प्रयोग' के बार-बार व्यवहार को देखकर हिंदी के कतिपय आलोचकों ने इस नयी काव्यधारा का नाम प्रयोगवाद रख दिया। इन कवियों में नवीन प्रयोग की प्रवृत्ति अवश्य बड़ी तीव्र थी। इधर कुछ दिनों में इन कवियों ने अपनी कविताओं के साथ 'प्रयोगवादी' विशेषण लगाकर उन्हें 'नयी कविता' या नयी कही जानेवाली कविता प्रयोगवाद की ही विरासत है।[13] वस्तुतः 'प्रयोगवाद' व 'नयी कविता' में कोई मूलभूत अंतर नहीं है, क्योंकि अधिकांश प्रयोगवादी कवि ही नयी कविता के भी कवि हुए हैं अतः नयी कविता प्रयोगवादी बीज का ही विकसित पौधा है। किंतु समस्त छायावादोत्तर काव्य को नयी कविता की संज्ञा देना युक्तिसंगत प्रतीत नहीं होता। यद्यपि बच्चन, अंचल, सुमन आदि कवियों में नयी भाषा व नयी शैली के प्रति आग्रह दृष्टिगोचर होता है किंतु इन कवियों को हम नयी कविता की मूल चेतना से संबंधित नहीं मान सकते। इसी प्रकार डॉ. शिवकुमार मिश्र, श्रीकांत वर्मा, तथा नरेश मेहता द्वारा समर्थित मत 'नयी कविता' क्षेत्र को अतिसंकुचित सीमा में बाँध लेता है। क्योंकि सन् 1954 से पूर्व ही हिंदी काव्यधारा एक नवीन मोड़ ग्रहण कर चुकी थी। और यदि हम इस मंतव्य को स्वीकार भी कर लें तो 'अज्ञेय', भारतभूषण अग्रवाल, शमशेर, मुक्तिबोध, भवानी प्रसाद मिश्र जैसे कवियों का, जिन्होंने कि सन् 1955 से पूर्व ही नयी कविता की चेतना को स्वीकार कर लिया था, बहुत-सा सृजन नयी कविता से तिरस्कृत हो जाएगा। वस्तुतः किसी भी काव्यधारा के आविर्भूत होने से पूर्व ही साहित्य

की अंतर्धारा में उसके संकेत दृष्टिगोचर होने लगते हैं। अतः नयी कविता का प्रारंभ सन् 1955 के पश्चात् मानना, नयी काव्यधारा के प्रवाह को परिसीमित कर देना है।

नयी कविता को 'प्रयोगवाद' की विरासत मानना ही अधिकांश विद्वानों को मान्य हुआ है। वास्तव में प्रयोगवादी कविता के अंतर्गत प्रवाहित होनेवाली प्रवृत्तियाँ ही विकसित रूप में नयी कविता के भीतर परिलक्षित होती हैं दूसरी ओर 'प्रयोगवाद' के ही अधिकांश कवि नयी कविता के अंतर्गत सृजनरत रहे हैं। अतः "नयी कविता, प्रयोगवाद का ही विकसित रूप कही जा सकती है। यदि प्रयोगवाद का नाम परिवर्तन न भी किया जाता तो भी कोई अंतर नहीं पड़ता क्योंकि कालांतर में 'प्रयोगवाद' में उन्हीं रचनाओं का समावेश होता है जिसका आज 'नयी कविता' के अंतर्गत होता है, क्योंकि प्रयोगवाद व नयी कविता के कवि एक हैं, उनके वक्तव्य एक से हैं और उनकी वैचारिक दिशा और दृष्टि एक-सी है।"[14] अतएव स्पष्ट है कि नयी कविता व प्रयोगवाद में कोई तात्विक भेद नहीं है वरन् नयी काव्यधारा प्रयोगवाद का ही अगला चरण है।

छायावाद के पतन के साथ ही हिंदी काव्यधारा में नवीन स्वरों की गूँज गुंजित होने लगती है। छायावादी कवि कल्पनाजगत् में खोया, यथार्थ की कटुताओं से अनभिज्ञ कल्पनालोक का सुंदर चितेरा था, किंतु नयी कविता का कवि यथार्थ की कटुताओं और विसंगतियों से अभियुक्त स्वरों को लेकर हमारे सम्मुख प्रस्तुत हुआ है। यह यथार्थ उसका स्वयं का देखा/समझा और भोगा हुआ यथार्थ है। वस्तुतः इसी कारण नयी कविता का कवि जीवन के अधिक निकट है।

अब हम नयी कविता की प्रमुख प्रवृत्तियों का संक्षेप में विवेचन करेंगे।

नयी कविता की प्रमुख प्रवृत्तियाँ

1. यथार्थ चित्रण : साहित्य युगीन घात-प्रतिघातों एवं परिस्थितियों का प्रतिबिंबीकरण है। नयी कविता में युग की उलझी हुई संवेदनाओं और संघर्षशील प्रवृत्तियों का प्रतिबिंबीकरण हुआ है। मानव की रुग्ण मनोवृत्तियों, जीवन की विसंगतियों एवं विषमताओं को नये कवि ने कल्पना के सुनहरे जाल से शृंगारित कर रमणीय रूप देने के स्थान पर आवरणविहीन कर यथार्थ रूप में अभिव्यक्त किया है। छायावादी कवि कल्पनाशक्ति, भावनाओं की गूढ़ात्मा तथा अलौकिक अतीन्द्रियता के कारण यथार्थ जीवन से एक प्रकार से कटा हुआ था किंतु प्रगतिवादी कवि ने, जो छायावादी काव्य के रूप जाल की प्रतिक्रियास्वरूप ही विकास की ओर उन्मुख हुआ था, जीवन और समाज के यथार्थ से संप्रेषित होकर ही अपने भावदीपों को प्रदीप्त करने लगा था। प्रगतिवादी काव्य प्रवृत्ति प्रयोगवादी काव्य तथा नयी कविता में कवि द्वारा अभिव्यक्ति के द्वार तक पहुँची है। नयी कविता केवल यथार्थ चित्रण तक ही सीमित न रहकर अतियथार्थवादी वास्तविकताओं के चित्रण में भी पीछे नहीं है। अतियथार्थवादी

चित्रण के परिप्रेक्ष्य में फ्रांस का अतियथार्थवादी आंदोलन ही है। इस यथार्थ चित्रण के फलस्वरूप ही नयी कविता जीवन के अधिक निकट है। कवियों ने सामान्य जीवन के उपकरणों को उदारता से ग्रहण कर अपने काव्य में स्थान दिया है। इसी कारण होटल, बेयरा, चप्पल, स्टोव, नून, तेल, लकड़ी, दाल, कुत्ता, चाय इत्यादि का समावेश नयी कविता में व्यापक रूप से हुआ है। अतः नये कवि की कल्पना उसे नील गगन के अथाह शून्य में भटकाती नहीं वरन् जीवन को उसके यथार्थ स्वरूप में ग्रहण करने के लिए प्रेरित करती है।

2. वैयक्तिकता : नयी कविता के कवि ने युग के विघटनपूर्ण परिवेश के मध्य साँस ली है। पारिस्थितिक विसंगतियों एवं बौद्धिकता के अतिशय आग्रह के फलस्वरूप वह अपने व्यक्तित्व को, जो विशृंखल परिस्थितियों के कारण टूट रहा है, सम्मानपूर्ण धरातल पर प्रतिष्ठित करने के लिए पूर्ण रूप से सजग हो गया है। इसी प्रवृत्ति के फलस्वरूप नये कवि के मानस में व्यक्तिवादी प्रवृत्तियों का विकास हुआ है।

3. अनास्था, निराशा व कुंठा आदि भावों का चित्रण : बौद्धिकता के प्रति विशिष्ट रूप से आग्रही होने के फलस्वरूप नये कवि में अहम्मन्यता का विकास हुआ है, किंतु जब कवि विषम परिस्थितियों के मध्य सफल होने में स्वयं को असमर्थ पाता है, अपनी प्रतिभा व बुद्धि-वैभव का उचित मूल्य नहीं प्राप्त कर पाता है तब अपने अहं के विलीनीकरण व अभावों के कारण उसके मन का उत्पीड़न, अनास्था व अविश्वास में परिवर्तित होने लगता है। और यही अनास्था कवि के मानस में निराशा, कुंठा, घुटन व आत्मलीनता के भावों को भर देती है। इसी अनास्था के फलस्वरूप नया कवि अपनी प्राचीन परम्पराओं एवं विश्वासों को संदेह की दृष्टि से देखने लगता है और युगों से प्रस्थापित जीवन मूल्यों की वह पूर्णरूप से अवहेलना करता है।

4. आशा, उत्साह और विश्वास : यद्यपि परिवेशगत विसंगतियों से प्रेरित होकर नये कवि में अनास्थामय एवं पलायनवादी स्वर निःसृत हुए हैं तथापि इन संत्रस्त परिस्थितियों को स्वीकार करते हुए भी नये कवि में आस्था व विश्वास के ऊर्ध्वगामी भावों की गूँज भी विद्यमान है जो उसे संघर्षरत हो कर्मण्यता के पथ की ओर प्रशस्त करती है। इसी अपरिमित आशा व उत्साह के कारण नयी कविता में मानवतावादी स्वरों को भी सशक्त वाणी प्रदान की गई है।

5. क्षणवाद : नयी कविता का कवि पाश्चात्य साहित्य की गत्यात्मक गतिविधियों के प्रति पूर्ण रूप से सजग रहा है। पाश्चात्य साहित्य के साहित्यिक आंदोलनों से प्रेरणा ग्रहण कर उन्हें कवि ने अपने अंतर्जगत् के भीतर संशोधित-संपादित कर प्रस्तुत किया है। क्षणवादी विचारधारा के परिप्रेक्ष्य में भी नया कवि पश्चिम के विचारक डी.एच. लारेन्स, वर्गसाँ, ज्याँ पाल सार्त्र तथा अन्य फ्रेंच प्रतीकवादियों से प्रभावित

रहा है। क्षणवाद की मूलभावना यही है कि जीवन का एक सुखद क्षण संपूर्ण जीवन से अधिक श्रेयस्कर है। इसी कारण क्षणवादी भविष्य के प्रति आस्था न रखकर वर्तमान के क्षण को ही पूर्ण रूप से भोगने में विश्वास रखते हैं। क्षण की परितृप्ति के पश्चात् व्यक्ति फिर से उद्देश्यविहीन हो जाता है। सुख और भोग की यह भावना नये कवियों में अजस्र रूप से प्रवाहित हुई है। क्षणवादी भावनाओं के फलस्वरूप नयी कविता में स्थूल व मांसल चित्रण बहुलता से प्रयुक्त हुए हैं।

6. लघु मानव : नव-मानववादी चिंतन के धरातल पर प्रतिष्ठापित नयी कविता में महामानव की अपेक्षा लघु मानव का चित्रण हुआ है। यद्यपि नया कवि अपने परिवेशगत वैषम्य में पड़कर 'लघु' हो गया है तथापि उसमें अपने 'लघु' अस्तित्व के प्रति अमित विश्वास है। "नयी कविता जिस नये मानव व्यक्तित्व की प्रतिष्ठा के लिए संकल्पबद्ध है वह आधुनिकता, सामाजिक दायित्व और विश्वबंधुत्व की दीप्ति से आलोकित है। उसकी आस्था, लघुता या महानता के प्रति उतनी नहीं है, जितनी कि सहजता के प्रति। वह न तो किसी के चरणों की धूल बनना चाहता है और न किसी का शीशमुकुट। वह अत्यंत सहजभाव से अन्याय, दमन, शोषण तथा रूढ़िग्रस्त जर्जर संस्कारों से जूझना चाहता है और इस व्यक्तित्व की यही सार्थकता है।"[15]

7. व्यंग्य : नयी कविता का युग मानवीय मूल्यों के विघटन का युग है। वर्तमान विषम परिस्थितियों के मध्य बौद्धिक चेतना से युक्त नयी कविता का कवि अपनी असफलताओं और अभाव से पीड़ित होकर विद्रोही हो गया है। नयी कविता में उसका यही विद्रोह व्यंग्य के रूप में प्रस्फुटित हुआ है। यह व्यंग्य अत्यंत तीक्ष्ण और प्रखर रूप से सामाजिक एवं राजनीतिक विसंगतियों पर आक्रोश प्रकट करता है। नयी कविता में व्यंग्य की प्रवृत्ति को अत्यंत व्यापक रूप से प्रस्तुत किया गया है और यह व्यंग्य केवल मनोरंजन के लिए नहीं अपितु समाज, राजनीति व युगीन प्रवृत्तियों का सटीक बोध कराने के लिए कवि द्वारा प्रयुक्त किया गया है।

8. गद्यात्मकता : नयी कविता के पूर्ववर्ती युगों में साहित्यकारों का चाहे वे कवि हों अथवा गद्यकार लक्ष्य भाषा को अधिकाधिक काव्यात्मक बनाने का प्रयास रहा है। संस्कृत में बाणभट्ट की कादम्बरी की काव्यात्मक भाषा प्रायः गद्यलेखकों का आदर्श रही है। हिंदी में जयशंकर प्रसाद अथवा महादेवी के गद्य की भाषा भी काव्य के अधिकाधिक निकट पहुँचने का उद्यम करती है। नयी कविता के युग में आकर पहली बार स्थिति बिलकुल विपरीत हो गई है। अब साहित्यकारों का, चाहे वे गद्यकार हों अथवा कवि, लक्ष्य भाषा को अधिकाधिक गद्यात्मक बनाने का है। नयी कविता के कवियों ने क्रमशः काव्य भाषा की प्रयत्नसिद्ध काव्यात्मकता के स्थान पर उसे सहज भाषा के अधिकाधिक निकट लाने में सफलता अर्जित की है। इस संदर्भ में आचार्य नंददुलारे वाजपेयी का यह कथन उल्लेखनीय है कि "हिंदी कविता की यह नयी धारा शिल्प और शैली में भी उल्लेखनीय कार्य कर सकी है। इस क्षेत्र

में सबसे बड़ी विशेषता कदाचित् गद्य को पद्य के अधिक समीप लाना और उसे काव्यात्मक बनाना है।"[16]

गद्य के काव्यात्मक मार्जन के कारण काव्य की परम्परागत लयात्मकता के संबंधों में कवियों और समीक्षकों को नये सिरे से विचार करना पड़ा है। अभी तक का प्रायः समग्र काव्य लयप्रधान रहा है। संसार के समस्त काव्य में छंदों का साम्राज्य विभिन्न लयात्मक संयोजन-क्रमों की उद्‌भावना की सहज परिणति है। काव्य में लय की आवश्यकता बताते हुए कहा गया है कि "वह अभीष्ट अर्थ की प्रतीति, सहज, सशक्त एवं समन्वित भाव से कराने में सहायक होती है क्योंकि वह पाठक की चित्तवृत्तियों को केंद्रस्थ करने में योग देती है।"[17] नयी कविता में लयात्मकता का अभाव नहीं है—यह दूसरी बात है कि उसकी लय छन्दोबद्ध कविता की लयात्मकता से भिन्न है। कवि पद्य समीक्षकों ने शब्द की लय के साथ 'अर्थ की लय' का सिद्धांत प्रतिष्ठित करना चाहा है किंतु यह अधिकांशतया वाग्विलास है।[18]

9. बिम्ब बहुलता : नयी कविता में बिम्ब बाहुल्य है। काव्यवस्तु जितनी संश्लिष्ट, सूक्ष्म और जटिल होती है उसे बिम्ब रूप में अभिव्यक्त करना कवि के लिए उतना ही अनिवार्य होता है। कतिपय नये कवियों की तो यहाँ तक धारणा है कि नयी कविता के मूल्यांकन के लिए अब रस, अलंकार आदि की अपेक्षा बिम्ब को ही काव्य का प्रतिमान स्वीकार करना चाहिए, किंतु इस संबंध में जैसा कि डॉ. नगेन्द्र ने स्वीकार किया है : "बिम्ब काव्य का अत्यंत प्रभावी माध्यम है और इसलिए काव्य के संदर्भ में उसका मूल्य असंदिग्ध है परंतु वह स्वतंत्र नहीं है....माध्यम ही है, प्राणत्व नहीं है। काव्य का सहकारी मूल्य अवश्य है प्राथमिक मूल्य नहीं है।"[19]

10. पौराणिक प्रतीकों का प्रयोग : नयी कविता पर प्रायः आरोप लगाया जाता है कि वह अभारतीय एवं परंपरा विच्छिन्न है। इस आरोप की पुष्टि में नये कवियों के वक्तव्यों का भी कम योगदान नहीं है। अपने समस्त पाश्चात्य प्रभाव एवं परंपरा त्याग के बावजूद नयी कविता भारतीय जातीय जीवन के प्राचीन आख्यानों और प्रतीकों का उपयोग करती है। निश्चय ही यह उपयोग नवीन जीवन भूमियों और सदंर्भों की व्याख्या के लिए किया जाता है। यह उल्लेखनीय तथ्य है कि नयी कविता की महत्तम उपलब्धियों के रूप में स्वीकार किया जाने वाला काव्य प्राचीन आख्यानकों और पुराणों के प्रसंगों का उपयोग करनेवाला है। 'अंधा युग', 'एक कंठ विषपायी', 'संशय की एक रात' आदि इसके उदाहरण हैं। प्रायः सभी समर्थ कवियों ने कुंती, तक्षक, अभिमन्यु, एकलव्य, जटायु, राहु आदि पौराणिक संदर्भों का उपयोग किया है। अपनी इस प्रवृत्ति के कारण नयी कविता परंपरा से एक तनावपूर्ण मुद्रा से जुड़ी हुई है। आचार्य नंददुलारे वाजपेयी ने इस तथ्य की ओर संकेत करते हुए लिखा है कि "अपनी जिज्ञासाओं और संशयों के समाधान में नये कवियों ने प्राचीन भारतीय आख्यानों से यथेष्ट सहायता ली है।"[20]

संदर्भ

1. डॉ. नगेन्द्र : आधुनिक हिंदी कविता की प्रवृत्तियाँ, पृ. 98
2. दूसरा सप्तक, भूमिका, अज्ञेय, पृ. 7
3. यद्यपि 'तारसप्तक' अथवा 'दूसरा सप्तक' में संगृहीत प्रत्येक कवि या उनमें अथवा 'प्रतीक' पत्रिका में प्रकाशित समस्त कविताएँ प्रयोगवादी नहीं हैं फिर भी दोनों सप्तकों एवं 'प्रतीक' पत्रिका में प्रकाशित अधिकांश कवियों की रचनाओं में शैली शिल्पगत प्रयोगों के लिए किया गया कवि प्रयास स्पष्ट है।—डॉ. शिवकुमार मिश्र, नया हिंदी काव्य, पृ.102
4. डॉ. लक्ष्मीकांत वर्मा : हिंदी साहित्य कोश, भाग-1, पृ. 401
5. बालकृष्णराव : कल्पना, जनवरी, 1956
6. प्रसंगवश : भारतभूषण अग्रवाल, पृ. 57
7. ये दोनों छायावाद के पश्चात् रचित समस्त काव्यकलाप को नयी कविता के वृत्त में समाहित करते प्रतीत होते हैं।—डॉ. रमाशंकर तिवारी, प्रयोगवादी काव्यधारा, पृ. 18
8. सन् 1936 के पश्चात् छायावादी काव्यधारा से भिन्न नयी प्रवृत्तियों और नये तत्त्वों से समन्वित जो काव्यकृतियाँ प्रकाशित हुई हैं, उन्हें ही हम नयी कविता कह सकते हैं।
   —आधुनिक साहित्य में संकलित, नई कविता निबंध, पृ. 57-58
9. वही।
10. डॉ. शिवकुमार मिश्र : नया हिंदी काव्य, पृ. 319
11. हिंदी साहित्य कोश, भाग-1, पृ. 401
12. नयी कविता : स्वरूप और समस्याएँ, पृ. 382
13. आलोचना, 21 जनवरी 57, पृ. 9
14. देवेश ठाकुर : नयी कविता के सात अध्याय, पृ. 190
15. डॉ. कुमार विमल : आधुनिक हिंदी साहित्य, पृ. 59-60
16. धर्मयुग, 27 अगस्त 1967, पृ. 52
17. डॉ. रमाशंकर तिवारी : प्रयोगवादी काव्यधारा, पृ. 376
18. 'अर्थ की लय' के विस्तृत विवेचन के लिए देखिए डॉ. जगदीश गुप्त की नयी कविता : स्वरूप और समस्याएँ में 'अर्थ की लय' नामक लेख।
19. धर्मयुग, 18 दिसंबर 66, पृ. 23
20. धर्मयुग, 27 अगस्त 67, पृ. 12

चतुर्थ अध्याय

काव्य-विश्लेषण

छायावादोत्तर युग में विकसित होने वाली प्रयोगवादी तथा नयी कविता की भावधाराओं को निश्चित रूप से रेखांकित करना सहज नहीं है। इस युग में जो काव्यधाराएँ विकसित हुई हैं वे निश्चित रूप से नवीन संवेदनाओं, नवीन भावबोध व नवीन शैली-शिल्प को लेकर उपस्थित हुई हैं। संभवतः इसी कारण कतिपय आलोचकों ने समस्त छायावादोत्तर काव्य को 'नयी कविता' की अभिधा प्रदान की है। इसका एक प्रधान कारण यह भी है कि नयी कविता के कुछ कवि प्रगतिवाद के कवि भी रहे हैं। मुक्तिबोध, रामविलास शर्मा, भारतभूषण अग्रवाल, गिरिजाकुमार माथुर, बालकृष्ण राव आदि कवियों ने अपने काव्य-सृजन का प्रारंभ प्रगतिवादी काव्यांचल में किया, किंतु तदुपरांत वे प्रयोगवाद व नयी कविता के क्षेत्र में आ गए। सत्य यह है कि नयी कविता में उस दिशा गति की अधिक तीव्रता है जिसमें स्वच्छन्दता, यथार्थ से संचालित होती है, सौन्दर्य बोध बौद्धिक चेतना को स्वीकार करता है, काव्य दृष्टि में समसामयिकता रहती है, समूह मानव चेतना, व्यक्ति मानव चेतना के अहम् से संश्लिष्ट होता है। इस दिशा गति में कवि की अनुभूति क्षण तक ही सीमित नहीं रहती, वरन् उसमें समस्त परिवेश की गूँज व्यक्त होती है जिसमें जीवन का संघर्ष भरा है।

पिछले अध्यायों में हमने देखा कि नयी कविता में साक्षात्कार किया हुआ जीवन सत्य निहित रहता है। वह शिल्पगत रूढ़ियों और प्रयोगों की अपेक्षा वस्तुगत अनुभूति की कुंठारहित अभिव्यक्ति है। इस अभिव्यक्ति में जीवन के तत्त्वों का वह सजीव अंकन है जिसके माध्यम से नयी अभिरुचि के क्षितिज विकसित हुए।

इसी परिप्रेक्ष्य में हम भारतभूषण के काव्य के कथ्य का विश्लेषण करने का प्रयास करेंगे।

4.1 प्रेम

मानवीय संबंधों की स्निग्ध रागात्मकता का नाम प्रेम है। सृष्टि के आरंभ से ही यह परम पावन भावना मानव हृदय को अपनी लौ से दीप्त करती आई है। प्रेम ही मानव की वह कोमलतम अनुभूति है जो मानव को 'स्व' की संकीर्ण परिसीमा से हटाकर 'पर' की उदात्त भावना प्रदान करती है। वस्तुतः प्रेम का अनुभव ही मानव जीवन का परम फल है।[1] विश्व साहित्य के कोण का मूल बिंदु यह प्रेम ही है[2] जो कवि कर्म की भावना को उदात्तता प्रदान करता है। प्रेम की इसी विशालता के कारण टेनिसन प्रेम न करने की अपेक्षा प्रेम में असफल रह जाना अधिक पसंद करते हैं।[3] वस्तुतः साहित्य और प्रेम का शाश्वत संबंध है। विश्व साहित्य में ऐसा कोई साहित्यकार न होगा जिसने इस भावना से अछूते रहकर रचना की हो। प्रेम के दो भेद किए जा सकते हैं।

प्रथम, आत्मरति अर्थात् आत्मप्रेम, आत्म-स्थापना, अहं प्रदर्शन, आत्मविज्ञप्ति आदि अनेक वृत्तियों के रूप में प्रस्तुत होता है। इसमें मानव प्रेम की संकुचित वृत्ति ही परिलक्षित होती है, प्रेम का उदात्त रूप नहीं।

द्वितीय स्तर पर आत्मेतर रति अर्थात् मानव अपने आसपास के वातावरण की जड़ व चेतन इकाइयों से प्रेम करता है। इसके अंतर्गत प्रकृति प्रेम, राष्ट्रप्रेम, विश्वप्रेम व विविध मानवीय संबंध आते हैं।

नयी कविता में प्रेम और काम के प्रति कवि में संवेदनात्मक स्तर पर परिवर्तन लक्षित होता है। छायावादी काव्य में कवि द्वारा प्रेम को अत्यंत उदात्त भूमिका प्रदान की गई थी। किंतु नयी कविता में बौद्धिकता व यथार्थता के प्रति अतिशय आग्रह होने के फलस्वरूप प्रेम के सूक्ष्म चित्रों की अपेक्षा स्थूल चित्र ही अधिक मात्रा में दृष्टिगोचर होते हैं। नयी कविता में प्रेम और काम अधिक सहज और नैसर्गिक रूप में उपस्थित हुए हैं।

भारत जी के काव्य में प्रेम और वासना दोनों के बहुरंगी चित्र प्राप्त होते हैं। प्रणय प्रसंग में कहीं पौराणिकता का पावित्र्य लेपन किया गया है तो कहीं मांसलता से युक्त शिराओं में बहते रक्त का उबाल प्रतिष्ठित किया गया है। प्रस्तुत पंक्तियों में कवि ने बिजली और मेघ के प्रतीक के माध्यम से प्रेम के मांसल रूप का चित्रण किया है। यथा–

> विकल बिखरी बाँह के लघुपाश में
> बाँध, बिजली को कहा यों 'मेघ' ने।
> सोख लो यह 'नीर'
> मुझको मुक्ति दो,
> समा जाओ प्राण के आकाश में।[4]

यद्यपि नयी कविता पर काम के नग्न व अश्लील चित्रण का आरोप लगाया जाता है, यह आरोप कुछ अंश तक युक्तिसंगत भी है तथापि नयी कविता में काम को सहज वृत्ति के रूप में स्वीकार किया गया है। वस्तुतः नर और नारी के सहज आकर्षण के बीच कामरहित प्रेम की कल्पना असंगत प्रतीत होती है, अतः काम और प्रेम का घनिष्ठ संबंध है। प्रेम का मूल है 'काम', जो ब्रह्म की अनादि इच्छा, एकोऽहं बहुस्याम् का निर्वाह करने के लिए मानव प्राणियों (पशु जगत् में भी) में सृष्टि संवर्धन व्यापार की आदि प्रेरणा के रूप में परंपरा से चला आ रहा है और हमारी भावनाओं व जीवन व्यवहारों के सूक्ष्म स्नायु जाल का पोषक जीवन रस है।[5]

भारत जी के काव्य में काम भावना सहज रूप में अभिव्यक्त हुई है उसमें सर्वत्र वासना का उफनता ज्वार नहीं है अपितु नयी कविता के अन्य कवियों की अपेक्षा अधिक शालीनता का निर्वाह किया गया है। भारत जी के काव्य में तन से तन के मिलन के अपेक्षा मन से मन के मिलन अर्थात् उस उदात्त प्रणय को ही अधिक प्रश्रय दिया गया है जहाँ प्रेम भावना हृदय को स्निग्ध और समृद्ध बनाकर अधिक उदार बनाती है। कवि स्वयं विस्मित है कि उसके आकर्षण का लघु अंकुर अमर लता के रूप में कैसे विकसित हो गया :

मैं विस्मित हूँ आकर्षण का वह लघु अंकुर—
किस भाँति अचानक बन गया आज अमरलता
× × ×
किस पावक से जल उठते हैं वे आर्द्रपलक
जब डूबा रहता है सुधि तम में अन्तःपुर ?
किस दैवयोग के मधुविधान सी तुम पथ में
चौंका देती हो मुझको फिर-फिर, दृग भर भर,
री। बोलो, किस स्वर्गीय गान के मधुमय स्वर
ने गूँथ लिया है अनायास लय बना हमें,[6]

यहाँ कवि की प्रेम भावना छायावादी संवेदन को व्यक्त करती है। इसी प्रकार यत्र-तत्र भारत जी में भावुकता भरी किशोर अनुभूति दृष्टिगोचर होती है। भारत जी में संयोग की अपेक्षा प्रेमजनित विप्रलंभ भावना के भाव ही अधिक मात्रा में मुखरित हुए हैं :

मैं चाह रहा हूँ, गाऊँ केवल एक गान, आखिरी समय
पर जी में गीतों की भीड़ लगी
मैं चाह रहा हूँ, बस, बुझ जाएँ यहीं प्राण, रुक जाए हृदय
पर साँसों में तेरी प्रीति जगी
इसीलिए मौन ही जाता हूँ, स्वीकार करो यह बिदा आज आखिरी बार[7]

4.2 नारी

प्रभातकालीन सौरभयुक्त वायु के सरस परस की भाँति स्नेह से उल्लसित कर देने वाली, श्रान्त, क्लान्त जीवन पर ममता की वारिधारा बनकर बरस उठने वाली प्रेम की प्रतिमूर्ति, चिर आकर्षणमयी नारी सृष्टि के आरंभ से ही पुरुष की प्रेरणादायिनी रही है। संभवतः इसीलिए आदि पुरुष के हृदय से यह उद्‌गार प्रस्फुटित हुए :

'यत्र नार्यस्तु पूज्यन्ते रमन्ते तत्र देवताः'

अनन्त स्नेह, निश्छल सहृदयता और स्वाभाविक कोमलता के रस से युक्त नारी जीवन की वह मन्दाकिनी है जो प्यास और मलिनता दोनों का शमन करती है। स्नेह और त्याग से परिपूरित वह प्रतिमा है जिसकी स्नेहछाया में पलने से मानव ही नहीं पशुओं के हृदय भी प्रेमरस से ओतप्रोत हो जाते हैं। नारी के इसी उदात्त रूप को देखकर प्रसाद जी के ओठों से अकस्मात् ही निकल पड़ा था :

नारी तुम केवल श्रद्धा हो,
विश्वास रजत नग पग तल में।
पीयूष स्रोत सी बहा करो,
जीवन के सुंदर समतल में।[8]

किंतु युगीन परिप्रेक्ष्य में नारी अपने उच्च पद से पतित कर दी गई। वह केवल पुरुष की भोगतृषा का साधन ही बनी रही। निर्दयी पुरुष ने उसके रूप, शील और सौंदर्य की सर्वथा उपेक्षा कर उसे अपनी वासनापूर्ति का साधन बनाया। उसके स्वतंत्र अस्तित्व का अपहरण कर लिया गया।

पिता रक्षति कौमारे, भ्राता रक्षति यौवने।
पुत्रश्च स्थविरे भारे, न स्त्री स्वातंत्र्यमर्हति।।

युग के बदलते संदर्भों में नारी के हृदय में भी अपने अस्तित्व के प्रति जागृति उत्पन्न हुई। आज की नारी न तो शैतान का दरवाजा है न समस्त पापों का मूल कारण, न तो वह पति की क्रतिदासी है। जो पशु के सदृश पूर्णतया अपने स्वामी की ही कृपा कोर से जीती हो। आज वह अपने अस्तित्व के प्रति पूर्ण रूप से जागरूक है।

भारतभूषण अग्रवाल के काव्य में नारी प्राचीन आदर्श रूप व आधुनिक बुद्धिमती के रूप में कवि की तूलिका से रंग पाकर निखर उठी है। छायावादी काव्य में नारी पूज्या और आराध्या के रूप में चित्रित की गई। नारी के स्थूल मांसल सौंदर्य की अपेक्षा कवि ने नारी की आत्मा के सौंदर्य, उसके सहज स्नेह, उसकी मृदुता को

ही अंकित किया। यह नारी यथार्थ की भूमि से परे कल्पनालोक की सुंदर रमणी है जो धीरे-धीरे नभलोक से उतरती हुई कवि के उद्गारों में प्राण फूँकने आई है, किंतु नयी कविता का कवि अतिशय बौद्धिकता के फलस्वरूप यथार्थ के प्रति अधिक जागरूक है। फलतः नयी कविता में नारी सर्वथा नवीन रूप में चित्रित हुई है। आज दुर्बलता का नाम नारी नहीं है। आज नारी में विवेक जाग्रत हो गया है। वह पुरुष से किसी भी अर्थ में कम नहीं है। वह समर्पित होती है, स्वयं लुटती है किंतु लुटाती भी है "वह दलित द्राक्षा के समान निचुड़ भले ही जाए। किंतु पुरुष को भी निचोड़ने में विश्वास करती है।"[9] फलतः आधुनिक नारी में सीता, सावित्री का सा आदर्श पूर्णरूप से विद्यमान नहीं है। आज वह स्वयं में पूर्ण है, वह अपने अस्तित्व के प्रति पूर्णतः जागरूक है, आज उसमें आत्मविश्वास उत्पन्न हो गया है, इसलिए ही तो भारत जी की सीता कितने स्पष्ट शब्दों में कहती है :

राम ने तो मुझे बहुत पहले ही छोड़ दिया था
आज मैं राम को छोड़ती हूँ
अब मैं स्वतंत्र हूँ
मुक्त हूँ
अपने आप में पूर्ण हूँ
आप अपनी निर्देशिका
आप अपनी–
और आप अपनी भोक्ता हूँ।[10]

उपर्युक्त पंक्तियों में सीता का स्वाभिमान चरम-शिखर पर पहुँच गया है। सच ही तो है वह अपने अपमान, उपेक्षा, तिरस्कार को चुपचाप क्यों पी जाए, क्यों वह पुरुष के हाथों कठपुतली बनी नाचती रहे? अतः वह अपमान सहने में असमर्थ है क्योंकि वह पवित्र है, निष्कलंक है फिर क्यों वह अकारण दण्ड की पात्री बने :

मुझे अपना ही विचार करना होता
तो तब भी क्या बिगड़ा था
जब दुर्मुख ने महाराज के कान भरे थे
भाइयो, मैं सच कहती हूँ
मैं निष्कलंक हूँ
मैंने अपने पति के अतिरिक्त
अन्य किसी प्रणय को नहीं जाना है
नहीं गुरुदेव, यह अपमान
उस घोर परित्याग से भी भयंकर है।[11]

भारत जी ने व्यंग्यात्मक रूप से भी आधुनिक नारी को अपनी काव्यभूमि पर प्रतिष्ठित किया है। आधुनिक बुद्धिमती नारी पुरुष की प्रत्येक गतिविधि पर अपने बुद्धि कौशल के आधार पर टीका-टिप्पणी करती है। कवि ने आधुनिक नारी की बौद्धिकता को कितने सुंदर रूप में अभिव्यक्त किया है।

वे
कितने अभागे थे
जयदेव, चण्डीदास, घनानंद—
जिनकी प्रेमिकाओं को
यह भी पता न था—
कि वे काव्य रचते थे
मैं
कितना भाग्यवान हूँ
कि तुमने मेरी कविताएँ
सिर्फ पढ़ी ही नहीं हैं
उनमें तुमने
पिंगल की भूलें भी निकाली हैं।[12]

आदर्श भारतीय नारी के चित्र यद्यपि नयी कविता में अधिक मात्रा में प्राप्त नहीं होते हैं, तथापि भारत जी के काव्य में आदर्श से युक्त भारतीय नारी को ही कवि ने प्रतिष्ठापित किया है। उनके काव्य में नारी यद्यपि बौद्धिकता के कारण विवेकयुक्त है, वह आधुनिका है तथापि वह अपने आदर्श से गिरी नहीं है। आज भी वह जीवन के प्रत्येक चरण में प्रेरिका बनकर उपस्थित होती है। आज भी उसके स्नेहांचल की ओट प्राणदायिनी है और इसी कारण वह जीवन के बुझते दीपक को अपने स्नेहांचल की ओट से बुझने नहीं देती।[13]

मध्यमवर्गीय नारी का चित्रण कवि के हृदय की संपूर्ण संवेदना से संप्रेषित हुआ है। भारत जी के हृदय में निम्न-मध्यवर्ग की नारी के प्रति गहरी सहानुभूति है क्योंकि समाज की विसंगतियाँ उसके कोमल, मृदुल स्वप्नों पर चंद क्षणों में ही आघात कर उसे जीवन के रस से ही वंचित कर देती हैं। उसका यौवन इन्हीं विषमताओं, इन्हीं आर्थिक विवशताओं के बीच घुट-घुटकर, पिस-पिसकर जर्जर हो जाता है :

निद्रा में सोता उसका वह भूखा यौवन
देख रहा था स्वप्न।
स्वप्न ! जो धनिकों को है भोग, किंतु
जो श्रमिकों को है रोग और है दुःख का वाहक

उसी स्वप्न को उस छलिया, बेदर्दी, मिटते से सपने को
अपनी थकी हुई पलकों में कसकर भींचे
पड़ी रही वह
उठ न सकी वह।
× × ×
उठी
क्योंकि उसको उठना था
उठी–
उँगलियों से मलती उन थकी हुई जलती आँखों को
(आँखों को, या सपने को। यह कौन बताए?)[14]

4.3 प्रकृति

सृष्टि के उद्‌गम से ही प्रकृति रूपी रमणी अपने स्निग्ध सौंदर्य से मानव मन को आकृष्ट करती आई है। कवि हृदय युग-युगों से प्रकृति की सौंदर्यमयी छवि से प्रेरणा ग्रहण करता रहा है। छायावादी कवि तो प्रकृति के इस दिव्य सौंदर्य में ही अपने सुख-दुख, राग-विराग और हर्ष-विषाद का प्रतिबिंब देखने लगा। स्वच्छंदवादी कवि ने भी प्रकृति से रागात्मक संबंध स्थापित कर प्रकृति की स्वतंत्र सत्ता का चित्रण किया है। इससे पूर्व रीतिकाल में प्रकृति चित्रण केवल उद्दीपन रूप में ही किया जाता था। इसी तथ्य को दृष्टिगत रखते हुए आचार्य शुक्ल ने लिखा है–"प्रकृति वर्णन केवल अंग रूप में ही हमारे भावों का आलंबन नहीं है स्वतंत्र रूप में भी है।... रीतिग्रंथों की बदौलत रस दृष्टि परिमित हो जाने के कारण उसके संयोजक विषयों में से कुछ तो उद्दीपन में डाल दिए गए हैं और कुछ भाव क्षेत्र से निकाले जाकर 'अलंकार' के अहाते में हाँक दिए गए हैं।"

किंतु नयी कविता में प्रकृति अत्यंत व्यापक रूप में प्रतिफलित हुई है। प्रकृति के उन रूपों और उपादानों को भी काव्य के अंतर्गत स्थान दिया जाने लगा है जिनका प्रयोग काव्य के लिए अनुपयोगी माना जाता था। वर्तमान जीवन की संकुलता के फलस्वरूप प्रकृति उस रूप में प्रतिष्ठित नहीं हो सकी है जिस रूप में वह छायावाद और उसके पूर्ववर्ती काव्य में प्रतिष्ठित थी। अतः प्रकृति सर्वथा नवीन रूप में सज्जित होकर काव्यभूमि पर अवतरित हुई है। इससे पूर्व आचार्यों की धारणा थी कि "वन, पर्वत, नदी, नाले, निर्झर, कछार, पतझड़, चट्टान, वृक्ष, लता, झाड़ी, फूल, शाखा पशु-पक्षी, आकाश, मेघ, नक्षत्र, समुद्र, इत्यादि ऐसे ही (मूल) चिर सहचर रूप हैं। खेत, दुर्री, हल, झोंपड़े, चौपाये, इत्यादि भी कुछ कम पुराने नहीं हैं। इसी प्रकार पानी का बहना, सूखे पत्तों का झड़ना, बिजली का चमकना, घटा का घिरना, नदी का उमड़ना, मेह का बरसना, कुहरे का छाना, डर से भागना, लोभ से लपकना, छीनना,

झपटना, नदी या दलदल से बाँह पकड़कर निकालना, हाथ से खिलाना, आग में झोंकना, गला काटना ऐसे व्यापारों का भी मनुष्य जाति के भावों के साथ अत्यंत प्राचीन साहचर्य है। ऐसे आदि रूपों और व्यापारों में वंशानुगत वासना को दीर्घ परंपरा के प्रभाव से भावों के उद्‌बोधन की गहरी शक्ति संचित है। अतः इनके द्वारा जैसा रस परिपाक संभव है वैसा कल, कारखाने, गोदाम, स्टेशन, इंजन या हवाई जहाज ऐसी वस्तुओं तथा अनाथालय के लिए चैक काटना, सर्वस्व हरण के लिए जाली दस्तावेज बनाना, मोटर की चर्खी घुमाना या इंजन में कोयला झोंकना आदि व्यापारों द्वारा नहीं।"[15]

किंतु बौद्धिक प्राचुर्य व वैज्ञानिक परिवेश तथा यथार्थ के प्रति अतिशय आग्रह के कारण नया कवि स्वयं को प्रकृति के रम्य सौंदर्य अथवा परंपरागत रूप की अपेक्षा औद्योगिक जीवन की विषम प्रकृति को अपने संवेदन के अधिक निकट पाता है। अतः नयी कविता के कवि का प्रकृति के प्रति दृष्टिकोण भावुकताविहीन अथवा नवीन जीवनबोध से संश्लिष्ट है। वस्तुतः नयी कविता ज्यों-ज्यों वर्तमान जीवन की जटिलताओं से जूझ रही है त्यों-त्यों उसमें प्रकृति के नैसर्गिक सौंदर्य का अभाव होता जा रहा है।

यद्यपि आधुनिक जीवन की औद्योगिकता अथवा कृत्रिमता का उत्तरोत्तर विकास मानव को प्रकृति से दूर करने का प्रयास कर रहा है तथापि संवेदनशील प्राणी होने के नाते कवि का भावुक हृदय फिर भी प्रकृति के सौम्य-सौंदर्य की ओर से दृष्टि फेरने में असमर्थ सिद्ध होता है। अतः भारतभूषण अग्रवाल के काव्य में जहाँ परिवेशगत भावबोध के फलस्वरूप प्रकृति का नव्यतर रूप चित्रित हुआ है वहीं ये प्रकृति के परम्परागत रूप से भी अछूते नहीं रह सके हैं।

पारंपरिक प्रकृति : भारत जी के काव्य में अनेक स्थलों पर प्रकृति के परम्परागत रूप के चित्र दृष्टिगोचर होते हैं। प्रकृति के उदात्त, भव्य और रम्य रूपों के प्रति भारत जी का आग्रह उन्हें छायावादी कवियों के निकट ला खड़ा कर देता है। पारंपरिक प्रकृति की दृष्टि से भारत जी के काव्य में कहीं प्रकृति के आलंबन रूप के, कहीं उद्दीपन रूप तो कहीं मानवीकृत रूप के चित्र अंकित किए गए हैं। प्रस्तुत पंक्तियों में कवि ने प्रभात का आलंबन रूप में कितना संश्लिष्ट चित्रण किया है।

फूटा प्रभात, फूटा विहान
बह चले रश्मि के प्राण, विहग के गान, मधुर निर्झर के स्वर
झर-झर, झर-झर।
प्राची का यह अरुणाभ क्षितिज
मानो अंबर की सरसी में
फूला कोई रक्तिम गुलाब, रक्तिम सरसिज।

धीरे-धीरे,
लो फैल चली आलोक रेख
धुल गया तिमिर, बह गयी निशा
चहुँ ओर देख,
धुल रही विभा, विमलान कांति।
अब दिशा-दिशा
सस्मित
विस्मित
खुल गए द्वार, हँस रही उषा।[16]

उद्दीपन रूप : प्रकृति का उद्दीपन रूप सदैव ही काव्य में स्थान प्राप्त करता आया है। शास्त्रीय दृष्टि से प्रकृति का यह रूप तटस्थ अथवा बाह्य रूप कहलाता है, क्योंकि इसका संबंध बाह्य परिस्थितियों से ही होता है जो विषयानुसार परिवर्तित होता रहता है। साधारणतया कवि हृदयगत भावों को उद्दीप्त करने के लिए प्रकृति के इस रूप का चित्रण करता है। भारत जी की 'आओ वाम' में नारी सान्निध्य के लिए ललक उठती है। ऋतु परिवर्तन के समय उन्हें अकेलापन काटने को दौड़ता है। वसंत में 'सरसती सरसों' रंगीन प्रकृति तथा शीतल किंतु धीमी चलती वायु कवि को यह कहने के लिए विवश कर देती है :

आओ वाम
आओ अभिराम
मेरे जीवन की लौ सी[17]

मानवीकृत रूप : कवि प्रकृति की विविध छवियों और व्यापार लीलाओं में जब मानव जीवन का आरोप करता है तब प्रकृति मानवीकृत हो हमारे सम्मुख प्रस्तुत होती है। मानवीकरण में प्रकृति का अंश मानव चेतन के सदृश दृष्टिगोचर होता है। भारत जी ने भोर, संध्या, चाँदनी, रात आदि के सुंदर मानवीकृत रूप रेखांकित किए हैं।

किंतु केवल रात भर ही
भोर होते ही दिखाई पड़ेगा
वह बादलों का रक्त लोहित क्षितिज पर
तमतमा कर, जो उठेगा किरणधारी सूर्य बन
हर किरण में लिए बिजली की कटारी।
चाँद से कह दो

अगर हो शर्म
तो फिर
उस घड़ी के पूर्व ही
पश्चिम दिशा में डूब जाए।[18]

नव्यतर प्रकृति : भारतभूषण अग्रवाल के काव्य में प्रकृति के पारंपरिक रूप के साथ ही यथार्थ जीवन से संपृक्त प्रकृति का नव्यतर रूप भी प्रतिफलित हुआ है। औद्योगिकता और वैज्ञानिक प्रसार के फलस्वरूप कवि शनैः-शनैः वन, उपवन निर्झर, नदी, पर्वत के सौंदर्य से हटकर वर्तमान नागरिक जीवन के जन संकुल की ओर उन्मुख हुआ है। नागरिक जीवन की व्यस्तता व मशीनी दुनिया की घरघराहट ने कवि के लिए प्राकृतिक सौंदर्य को उपभोग करने के लिए बहुत ही कम अवसर प्रदान किया है फलतः कवि प्रकृति के प्रति संपृक्त यथार्थ दृष्टि लिए हुए है जो कहीं-कहीं कटु व्यंग्य के रूप में भी व्यंजित हुई है। भारत जी की नयी दिल्ली कविता में प्रकृति का यह भाव रूपायित हुआ है।

प्रातः वर्णन
मिल का साइरन
न जाने कब का चुप हो गया,
मिल्क सप्लाई-बूथ की क्यू
छँटते छँटते गायब हो गई,
जगह-जगह मोड़ पर खड़े बच्चे-बच्चियों को
स्कूल बसें—कभी की ले जा चुकीं।[19]

शहरी वातावरण से अभिभूत हो कवियों ने प्रकृति के छोटे-छोटे रूपों से सौंदर्य कण सहेज लिए हैं। प्रकृति की सुषमा 'लान' घर के आँगन में लगे फूल, पत्तों और लताओं में ही दिखाई देने वाली हरियाली तक सीमित रह जाती है। भारत जी ने प्रस्तुत पंक्तियों में प्रकृति के इसी रूप को चित्रित किया है :

छत की मुंडेर पर टेर उठी भोर की
बादल घिर आया आसमान में
नाच के सजाव में थिरके रंगीले पंख
झूम उठीं डालियाँ बगान में
आया, रस आया रे।
आया, मन भाया रे।
लहरों का रास छिड़ा दूबों में छाया है।
डोल उठी पुरवैया जहान में।[20]

अतः आधुनिक परिवेश में प्रकृति के विराट चित्र खण्ड चित्रों में परिवर्तित हो गए हैं। विज्ञान व बौद्धिक प्राचुर्य ने प्रकृति के क्षेत्र में भी नवीन क्षितिज उद्‌घाटित किए हैं।

4.4 धर्म और ईश्वर

सृष्टि के आरंभ से ही भारतभूमि के कण-कण में उस विराट के मधुर पवित्र सौंदर्य की सुरभि रची-बसी हुई है। भक्तिकाल में भक्ति रस की यह पावन पयस्विनी संपूर्ण वेग से प्रवाहित हुई है। रीतिकाल में यद्यपि भक्ति के स्वरूप में किंचित् परिवर्तन दिखाई देता है तथापि भक्ति व ईश्वर के प्रति आस्था फिर भी दृष्टिगत होती है। किंतु द्विवेदीयुगीन कवि ने ईश्वर का मानवीकरण कर एक नितांत नवीन दृष्टिकोण का परिचय दिया है।[21] छायावादी कवि ने ईश्वर को रहस्य भावना का आलंबन बनाकर ईश्वर के साथ रागात्मक तादात्म्य स्थापित किया किंतु छायावादोत्तर काव्य बौद्धिक प्राचुर्य व नवीन जीवन दर्शन की विशिष्टता के फलस्वरूप नास्तिक काव्य है और यह नास्तिकता की सिद्धांत प्रसूत अधिक और संवेदनामय कम है। नयी कविता का कवि भावविह्वल होकर सृष्टि के कण-कण में ईश्वर के आभास की अनुभूति करने में स्वयं को असमर्थ पाता है। नये कवि को ईश्वर के संबंध में विचार करने का न तो अवकाश है और न रुचि। अपनी अहम्मन्यता के फलस्वरूप ईश्वर पर विश्वास करने में वह अपने अस्तित्व का उपहास समझता है।[22] उसे अपनी दुर्बलता अपने लघु अस्तित्व पर भी अभिमान है और इसी कारण वह ईश्वर से किसी भी स्थिति में शक्ति व शरण माँगने को प्रस्तुत नहीं है, बल्कि भारत जी अपने समकालीन कवियों की अपेक्षा अधिक ईश्वर के अस्तित्व पर कटाक्ष करते हैं। वे ईश्वर व उसके परिगणों पर कटाक्ष करते हुए लिखते हैं :

रात मैंने एक सपना देखा है
मैंने देखा
कि मेनका अस्पताल में नर्स हो गई है
और विश्वामित्र ट्यूशन कर रहे हैं
उर्वशी ने डांस स्कूल खोल दिया है,
नारद गिटार बजा रहे हैं
गणेश टाफी खा रहे हैं
और बृहस्पति अंग्रेज़ी से अनुवाद कर रहे हैं।[23]

बौद्धिक धरातल पर स्थित होने के कारण अथवा वैज्ञानिक दृष्टिकोण से संपुष्ट होने के कारण भारत जी ईश्वर को व्यर्थ समझते हैं। उस विराट चेतना की अनुभूति उन्हें बिलकुल अकारथ प्रतीत होती है। परिणामस्वरूप वे ईश्वर के सर्वशक्तिमान् रूप की

अपेक्षा उसके अशक्त व निरीह रूप का चित्रण ही करते हैं, क्योंकि वह मंदिरों में भक्तों द्वारा अर्पित भोग की रक्षा चींटी और चिड़ियों से करने में भी असमर्थ हैं। यदि वह शक्तिमान् होता तो चींटी, पंडे और पुजारियों से अपने प्राप्तव्य की रक्षा कर लेता। मंदिरों में भगवत् भक्ति की ओट में पुजारी मौज उड़ा रहे हैं। इसी स्थिति का चित्र देखिए :

और तब मैंने पहली बार
तुम्हारे पुजारियों पर नज़र डाली
जो तुम्हारी ओट में
मेरा भविष्य, मेरी प्रतिमा, मेरी शक्ति
भोग रहे थे।[24]

4.5 युद्ध और शांति

चिरंतन काल से युद्ध एक शाश्वत समस्या के रूप में मानव के सम्मुख उपस्थित रहा है यद्यपि युद्ध के संबंध में युगों-युगों से समाधान प्रस्तुत किए गए हैं किंतु आज भी यह समस्या पूर्ववर्ती रूप में खड़ी है। यह स्वीकार किया जाता रहा है कि व्यक्ति युद्धप्रिय नहीं होता, किंतु परिस्थितियाँ उसे विवश कर देती हैं।[25] भारतभूषण अग्रवाल का प्रादुर्भाव ऐसे संक्रांति काल में हुआ जब विश्व द्वितीय विश्वयुद्ध की विभीषिका से भस्म हो रहा था। उस भीषण नरसंहार को देखकर तत्कालीन कवि अवाक् रह गया। मानवता का यह विनाश उससे देखा न गया। निर्दोष, करुण चीत्कारों से उसका भावुक हृदय उद्वेलित हो उठा। फलतः युद्ध के परिणामों की भयंकरता और निस्सारता को प्रतिपादित कर वह युद्धविरोधी दृष्टिकोण का प्रबल समर्थक बन गया।

भारतभूषण अग्रवाल में यह स्वर अत्यंत तीव्रता से व्यंजित हुआ है। यद्यपि समसामयिक परिस्थितियों से प्रभावित होकर कवि ने उत्साह के साथ युद्ध का आह्वान भी किया है।[26] किंतु मूलतः युद्धविरोधी स्वर ही मुखरित हुआ है। अग्रवाल जी ने 'युद्ध नहीं होने देंगे हम' भारत के जन प्रेम अहिंसा सहजीवन के विश्वासी पंक्तियों में युद्धोत्तर स्थिति का चित्रण कितनी मार्मिकता से किया है। कवि हृदय की संवेदना कितने करुण रूप से उभरकर प्रस्फुटित हुई है :

दो-दो विश्व महायुद्धों का शोणित तर्पण
लेकर भी यह हिंसा का पशु तृप्त नहीं है
देश-देश में नामहीन जन की समाधियाँ
उसके मृत्यु पर्व की भीषण याद दिलाती
हताहतों का आर्तनाद अब भी कानों में

गूँज रहा है, महानाश के दृश्य भंयकर
भूल न पाएगी मानवता किसी भाँति भी।[27]

अग्निलीक में सीता द्वारा व्यक्त युद्ध संबंधी विचार कवि के हृदय में युद्ध के प्रति कितना गहरा आक्रोश है, प्रकट करते हैं :

हुँह ! विजय यात्रा
अश्वमेध।
युद्ध लिप्सा
किसका कौन सा
हित है इस बल प्रदर्शन में,
इस रक्त पर्व में
क्या प्रयोजन[28]

मानव सभ्यता का विनाशकारी एवं विध्वंसकारी रूप देखकर ही सीता राम को दिग्विजयी न होकर आत्मजयी बनने की प्रेरणा देती है।[29] यह हाहाकार, यह करुण क्रंदन, यह कोलाहल कवि हृदय की चेतना के सोये तारों पर संपूर्ण वेग से आघात करता है, वह तिलमिला उठता है, उसे अखबार के पन्नों से चीखें और चम्मच की खनखनाहट में गोलियों की गूँज सुनाई देती है।[30]

दूसरी ओर वैज्ञानिक उपलब्धियों ने मानव को सुविधाएँ तो प्रदान कीं, किंतु इनके दुरुपयोग ने मानवता का विध्वंस ही किया। इनका निर्माण और प्रयोग दोनों ही विनाश के सूचक हैं। भारत जी ने वैज्ञानिक उपकरणों के प्रति तीव्र विक्षोभ प्रकट किया है। कवि ने 'कार्टूनों का जुलूस' कविता में अणु विस्फोट के प्रति व्यंग्य भरा क्षोभ व्यक्त किया है :

दूर सात सिन्धु पार
अणु का विस्फोट हुआ
उड़ गईं उद्जन की धज्जियाँ
जिसके धड़ाके की धमाक से
क्षीण काय स्वर धारी नारों का दम टूटा
एक लघु हिचकी ले त्यागे उन्होंने प्राण।[31]

युद्ध के आधार पर शांति की स्थापना का प्रयत्न किया जाता रहा है। वस्तुतः युद्ध के साथ ही शांति की समस्या भी जुड़ी हुई है। भारत जी युद्ध विरोधी हैं अतः उनकी शांति स्थापना का स्वर युद्ध पर आश्रित नहीं है। उनकी कविताओं में व्यक्त शांति मानवीय प्रेम, समता और बंधुत्व की भावनाओं के प्रश्रय से विकास पाती है। अग्रवाल

जी प्रेम, अहिंसा और सहजीवन में विश्वास करते हैं।[32] युद्ध की गहनतम गुहा में शांति की आलोक किरण जाग्रत करते हैं :

> शांति पर्व के इस अपूर्व क्षण में हम सब भी
> आओ अपना धर्म निबाहें। हिंसा का तम
> दूर करें अपनी वाणी से। प्रखर स्वरों में
> करें घोषणा 'हमें नहीं संघर्ष चाहिए
> हम विनाश के दृश्य देखना नहीं चाहते
> युद्ध नहीं होने देंगे हम, भारत के जन
> प्रेम अहिंसा सहजीवन के विश्वासी हैं'[33]

4.6 अनास्था, निराशा एवं कुंठा

बौद्धिकता के अतिशय प्राचुर्य के कारण नये कवि ने अपनी समर्थता के प्रति अहम्मन्यता का विकास किया। बुद्धि के अपरिमित भंडार का अधिकारी होते हुए भी वह विषम सामाजिक परिस्थितियों के मध्य सामंजस्य स्थापित करने में सफल नहीं हो पाता। वह स्वयं को, अपनी प्रतिभा को इन विषम परिस्थितियों के कारण उपेक्षित-सा महसूस करता है। अपनी इस उपेक्षा और अभावों का बोझ वहन करते हुए उसके हृदय की पीड़ा अनास्था में परिवर्तित होने लगती हैं। यह अनास्था ही उसके हृदय में निराशा, कुंठा, वेदना, कुछ न कर पाने की कुलबुलाहट, घुटन, आत्मलीनता, शंका, अनिश्चय, असंतोष, विवशता आदि भावों को भर देती है।

वस्तुतः अनास्था की यह प्रवृत्ति उसके अहम् पर आघात व लौकिक जीवन की असफलताओं के कारण विकसित हुई है। इसी अनास्था से आक्रोशित और आक्रान्त होकर नये कवि ने साहित्य में स्थापित परम्परागत मूल्यों को तो अस्वीकृत किया ही है साथ ही कवि को जीवन और समाज के सभी परम्परागत प्रतिष्ठित मूल्य भी निरर्थक प्रतीत होने लगे हैं। अतएव "उसने एक साथ सबके प्रति अविश्वास की घोषणा की और अपनी अनास्थामूलक प्रवृत्ति की अनिवार्यता व औचित्य प्रमाणित करने का भी प्रयत्न किया। उसने जबरन उन परिस्थितियों और मनोदशाओं को भारतवर्ष और उसके समाज पर लादना चाहा, जिन्होंने पाश्चात्य समाज और साहित्य में अनास्था, निराशा, कटुता एवं अवसाद को जन्म दिया था। इलियट आदि की भाँति उसने भी साहित्य में गतिरोध की बात उठाई, वर्तमान सभ्यता और संस्कृति को सड़ी हुई घोषित किया, जीवन के मान-मूल्यों में परिवर्तनों की पुकार की, परन्तु वर्तमान समाज, सभ्यता व संस्कृति के खोखलेपन को दूर करने के हेतु किसी ऐसे व्यापक एवं ठोस कदम का निर्देश नहीं किया, वस्तुतः जिसकी आवश्यकता थी।"[34]

अतः अनास्था से प्रेरित एवं अपने सामाजिक यथार्थगत परिस्थितियों में असफल कवि के हृदय में निराशा का स्वर पूर्ण वेग के साथ मुखरित हुआ है। भारतभूषण अग्रवाल में यह प्रवृत्ति स्पष्ट रूप से अभिव्यंजित हुई है। कवि स्वयं भी संपूर्ण नई कविता में अनास्था का स्वर ही देखता है और इसका कारण सामाजिक विषम परिस्थितियों को मानता है।[35] निराशा से घिरा होने के कारण उसे संपूर्ण जीवन रसहीन प्रतीत होता है वह दिन प्रतिदिन स्वयं को गिरता हुआ महसूस करता है :

एक युग से मैं विरस जीवन. बिताता आ रहा हूँ
सब तरफ लगता बड़ा सुनसान है
कोई शब्द तक आता नहीं है
गहन तप का पर्त मन पर छा गया है
और नीचे है सभी निस्पन्द, जड़
मानो किसी गहरे, अँधेरे गर्त में मैं वेग से
नीचे गिरा ही जा रहा हूँ—
यह अधोगति तीव्र है, पर एकदम निश्चेष्ट।[36]

इस निराशा व घुटन में वह स्वयं को टूटा हुआ और बेकार-सा महसूस करता है। उसे आशा की नन्ही-सी किरण भी दिखाई नहीं देती, वह किसी तरह से हृदय की इस उथल-पुथल से मुक्त होना चाहता है, किंतु—

न देखो नयन कोरों से
गिरा दो पलक का परदा
कि मूँदो कान
हो सुनसान
दरवाजे करो सब बन्द
सपनों की अटारी के
कि बाहर गरजता तूफान आता है।[37]

इसी निराशा एवं अनास्था के कारण भारत जी में कुंठा एवं घुटन के स्वर भी प्रस्फुटित हुए हैं, कुछ न कर पाने की छटपटाहट,[38] सामाजिक स्वीकृतियों से अपूर्ण अकेलेपन की भावना कवि को निढाल और शिथिल बना देती है ऐसी स्थिति में जो भाव कवि के हृदय में निःसृत हुए हैं, उनमें आत्मलीनता, पराजय की भावना, अनिश्चय, वेदना और असंतोष के स्वरों को वाणी मिली है, यथा :

उन्मुक्त आज मैं किंतु दीन, आकुल मलिन
बंधनविहीन होकर भी कितना उदासीन।
छूटा है पंछी पिंजर की कारा से, पर

पंखों की वह गति उड़ी नहीं है अभी उधर
खुल चुकी आँख, लेकिन अभी है धुँधलापन
बीती बातों को भूल नहीं पाया है मन।[39]

4.7 आशा, विश्वास, उत्साह और संकल्प

यद्यपि परिवेशजन्य विषमताओं से प्रभावित हो नया कवि कुंठा, घुटन, निराशा, पलायनवादी एवं अनास्थामय प्रवृत्तियों से आवृत रहा है, तथापि इन संत्रस्त परिस्थितियों को भोगता हुआ भी वह आस्था, विश्वास, उत्साह एवं संकल्प के दीपक को दीप्त किये चल रहा है।

नयी कविता में इन उदात्त भावों के स्वर भी निःसृत हुए हैं, जो कवि को निराशा, कुंठा और घुटन के कुहासे से निकाल कर कर्म के स्वस्थ मार्ग की ओर प्रेरित करते हैं। यह उद्बोधक स्वर प्रगतिवादी काव्यधारा में मुख्य रूप से संपृक्त रहा है और नयी कविता का कवि प्रगतिवाद की इस भाव प्रेषणीयता से असंपृक्त नहीं रह सका है, फलतः नये कवि ने भी इन भावदीपों को अपने काव्य में अभिव्यक्ति प्रदान की। भारतभूषण अग्रवाल में यह प्रवृत्ति अपने प्रखर रूप से संपुष्टित हुई है। कवि ने स्थान-स्थान पर निराश होने के पश्चात् भी आशा, आस्था और विश्वास के दीप प्रज्वलित किये हैं। ये पंक्तियाँ कवि की आस्था और विश्वास की उच्चतर भावनाओं को गुंजित करती हैं :

उठो
सोचा क्या, नई ज्योति का ?
तुम आस्था का दीप जलाओ
अंधकार की हदें खींच दो,
लौ का यह छोटा सा घेरा
नयी किरण का बने पावड़ा।[40]

यहीं पर वह 'स्व' से उठकर 'सर्वजन हिताय' का प्रतिष्ठापन करता है। वह अपने व्यक्तिगत दुःख, वेदना और निराशा को विस्मृत कर व्यष्टि से समष्टि की ओर अग्रसर होता है।

आज ही मैं जान पाया हूँ
कि केवल मैं अकेला ही नहीं हूँ दुखी, चिंताग्रस्त
वरन् आज समस्त जीवन स्रोत
रुद्ध हो इस विषम बाधा से विकल है फूटन, पथ
खोज लेने के लिए

व्यस्त है गंभीर जीवन-मरण के संग्राम में
अंत में जिसके छुपा है बीज सुख का, शांति का।[41]

आस्था और विश्वास के साथ भारत जी ने उत्साह और संकल्प के स्वरों को भी अभिव्यक्ति प्रदान की है। उनके 'मुक्तिमार्ग' व 'ओ अप्रस्तुत मन' की अधिकांश कविताओं में यही स्वर पूर्ण संवेग के साथ मुखरित हुआ है। पथ की बाधाओं से अंत तक कवि पराजय स्वीकार करने के लिए प्रस्तुत नहीं है।[42] यद्यपि वह जीवन की विषमताओं को भोगता है, संपूर्ण दर्द, निराशा, पराजय के भाव कवि के हृदय में आलोड़ित होते हैं, किन्तु सभी कुछ स्वीकार करके कवि का अपराजित मन दृढ़ संकल्प होकर निम्नलिखित भावों को वाणी प्रदान करता है :

भूल का स्वीकार मुझको है सहज
क्योंकि मैं अब भी अडिग हूँ
क्योंकि अब भी आत्मबल हारा नहीं हूँ
नैन मेरे सधे हैं अब भी भविष्योन्मुख।[43]

कवि का दृढ़ विश्वास है कि दयनीयता और निष्प्राणता एवं पराजय के साथ अपने अभावों, दर्द एवं निराशा को लेकर किसी भी प्रकार की उपलब्धि नहीं की जा सकती। अतएव कवि उत्साह, शौर्य एवं संकल्प की ओर शक्ति के साथ प्रेरित होता है।[44] भारत जी को विश्वास है कि कर्मठता एवं दृढ़ संकल्प से रसहीन जीवन में भी मधुर रस का संचार हो सकता है। अतः वे कितने साहसिक स्वर में अपनी वाणी को अभिव्यक्ति प्रदान करते हैं।

किन्तु यह केवल समय की बात।
लौट कर टुक ग्रीष्म आने दो,
किरण का हमको तनिक वरदान पाने दो,
उफन जाने दो।
हम अहं को भूल
मेट कर अपनी बनावट
तोड़ सीमाएँ सभी
एक दिन फिर से मिलेंगे धार में
समवेत जीवन के अपरिमित स्वार में।[45]

4.8 अहं और उसका विलयन

नयी कविता का विकास विशृंखल और विघटनपूर्ण सामाजिक, राजनीतिक, आर्थिक एवं साहित्यिक परिस्थितियों के मध्य हुआ है। अपने युग जीवन की कटु विषमताओं

एवं कटुताओं से संघर्षरत रहने के कारण तथा अपनी छोटी से छोटी इच्छा की पूर्ति करने में असमर्थ नया कवि अपनी झूठी सामाजिक प्रतिष्ठा के लोभवश समाज के प्रत्येक वर्ग से कटकर एकाकी हो उठा। दूसरी ओर उसमें अपने टूटे हुए व्यक्तित्व को सम्मानपूर्ण धरातल पर प्रतिष्ठित करने की लालसा भी प्रबल रूप से विद्यमान रही है। अतः नया कवि झूठी सामाजिक एवं साहित्यिक प्रतिष्ठा प्राप्त करने हेतु, अपनी असमर्थताओं को छिपाकर व्यक्तिवादी प्रवृत्ति से आवृत होकर अहंवादिता के गहरे कुहासे में खोया हुआ है।[46] अपने इसी सीमित अहं से प्रेरणा ग्रहण करने के कारण नये कवि के लिए बाह्य जगत् की यथार्थता विशेष महत्त्व नहीं रखती और यदि उसका महत्त्व है भी तो उसी सीमा तक जहाँ तक वह कवि के अहं को परिपुष्टि प्रदान करती है। यह अहंवादिता नये कवि में व्यापक रूप से प्रतिफलित हुई है। कवि का अहं इतने विस्तार से प्रस्फुटित हुआ है कि स्वयं को विसर्जित करने के उपरांत भी उसमें अपनी विशिष्टता का भास बना रहता है।[47] उसका अहं उसे तोड़ देता है, किंतु झुकाता नहीं। भारत जी में भी अहं इतने विकसित रूप में उद्भासित हुआ है कि कवि किसी की कृपालुता, किसी का आश्रय, स्वीकारने के लिए बिलकुल तैयार नहीं। ''बूँद-बूँद के लिए पराई कृपा पर आश्रित रहूँ—मेरा स्वभाव नहीं''।[48]

कवि की अहम्मन्यता और अधिक चरम रूप से तब प्रस्फुटित हुई है, जब वे नियति को संघर्ष की चुनौती देते हुए कहते हैं :

मैं छोड़कर पूजा
क्योंकि पूजा है पराजय का विनत स्वीकार
बाँधकर मुट्ठी तुझे ललकारता हूँ,
सुन रही है तू ?
मैं खड़ा तुमको यहाँ पुकारता हूँ।[49]

जो पूजा भावना व्यक्ति की क्षमता को परिसीमित करने के लिए बाध्य करती है कवि स्पष्ट रूप से उसका बहिष्कार करता है। अपनी वैयक्तिकता, अद्वितीयता और सामर्थ्य के प्रति सचेत होने के कारण ही कवि ईश्वर की सत्ता में भी विश्वास नहीं रखता। क्योंकि जो ईश्वर स्वयं क्षुद्र जीवों से अपनी रक्षा करने में असमर्थ है वह उसकी रक्षा क्या करेगा, इसके परिप्रेक्ष्य में भी कवि की अहम्मन्यता ही है। नये कवियों की इसी वैयक्तिकता को दृष्टिगत रखते हुए विद्वान् आलोचकों ने नयी कविता को सामाजिक चेतना से विरहित[50] तथा सामाजिक जीवन धारा से कटा हुआ स्वीकार किया है[51] किंतु अहंवादी प्रवृत्तियों को समाज विरोधी ही स्वीकार करना वस्तुतत्व के साथ अन्याय है। सच तो यह है कि मानव का अहं जितना जागरूक होगा, उसके अहं का जितना अधिक विस्तार होगा, उतना ही अधिक वह जीवन की व्यवस्था

के प्रति सक्रिय होगा।[52] और यह सक्रियता ही वास्तव में उसे समाजगत विषमताओं से ऊर्ध्वगामी होने की प्रेरणा देती है। नयी कविता के अधिकांश कवियों के अहं का विलयन इसी रूप में हुआ है। मानव अहं की परिधि से निकल कर समाज की भीड़ में मिल गया है। सामाजिक आग्रह के समक्ष कवि का अहं विसर्जित हो गया है। काल का रथचक्र निरन्तर निर्भय भाव से बढ़ता जा रहा है, उसने व्यक्ति के मूल्य को लांछित कर दिया है।[53] समाज की विशृंखलता और विघटनकारी प्रवृत्ति के सम्मुख कवि का अस्तित्व केवल एक विलायती स्पंज सा ही रह गया है। यथा :

मैं निरा विलायती स्पंज हूँ
मेरे प्राण रिक्त और छिद्रमय, उनमें कहाँ है रस,
उनमें कहाँ है स्रोत।
मैं तो मात्र बाहर के जीवन को सोख कर फिर उगल देता हूँ
सो भी तब जब आकर कोई निचोड़े मुझे
शक्तिहीन, व्यक्तिहीन, गतिहीन व्यापार
इसमें नहीं है कोई आत्मदान।[54]

4.9 लघु मानव

नयी कविता में महामानव की अपेक्षा लघु मानव की स्थापना की गई है, इस संदर्भ में नयी कविता का कवि मानव की विशिष्टता और महत्त्व का पोषक रहा है। यद्यपि युगीन वैषम्य के कारण वह मानव-व्यक्तित्व को विघटित होते हुए देख रहा है, किंतु फिर भी वह उस मानव में, जो युगीन विघटनकारी प्रवृत्तियों में फँसकर 'लघु' हो गया है, अपनी संपूर्ण शक्ति के साथ प्रतिष्ठित होता हुआ देखना चाहता है। नयी कविता के मूल में व्यक्ति-स्वातंत्र्य व उसकी महत्ता के स्वर मुखरित हुए हैं। यह लघु-मानव उपेक्षा और तिरस्कार का प्रतीक नहीं अपितु लघु होते हुए भी स्वयं में पूर्ण शक्ति एवं गरिमा का द्योतक है। दयनीय एवं संघर्षजन्य स्थिति से ऊर्ध्वगामी होने के लिए नये कवि में वह सामर्थ्य प्रतिफलित हुआ है जो इतिहास को मोड़ देने के विश्वास से गुंजित है। भारती का 'टूटा पहिया' इसी विश्वास का द्योतक है।[55] अतः नये कवि की "जीवन की संघर्षमय कटुता के बीच भारतीय आदर्शानुसार उसकी आशा की लौ निष्कंप है, क्योंकि उसे विश्वास है कि आज चाहे जो स्थिति हो, मानव का भविष्य कल्याणमय है और वह हर अमंगल शक्ति पर निश्चय रूप से विजय प्राप्त करेगी।"[56]

लघु मानव के जीवन में जितनी भी कड़वाहट है, जितनी भी रिक्तता है, वह उसे विदित है किंतु वह अपनी सीमाओं से अवगत रहते हुए भी विश्वास नहीं खोता, इस बौने मानव में अपार साहस और धैर्य विद्यमान है।

बरगद की छाया में उगकर
आजीवन
बौने बने रहने की नियति को
वरदान मानकर सिर माथे ले लेना
कितनी महानता है–
मुझे छोड़ इसका मर्म और कौन जानेगा ?
जिसने खुली धूप, खुले आसमान के तले
पौधा बने रहकर भी
तारों को जीभ विराई है[57]

अमित धैर्य और विश्वास के होते हुए भी नया कवि अपने पापों और अपराधों को भी बड़े साहस के साथ स्वीकार करता है।[58] यद्यपि अपने पापों की स्वीकृति कबीर, तुलसी, सूर आदि संतों में भी चरम सीमा तक परिलक्षित होती है, किंतु इन संत कवियों के परिप्रेक्ष्य में यह प्रवृत्ति उनके हृदय की शुचिता एवं पवित्रता की द्योतक थी, किंतु नये कवि के मूल में यह प्रवृत्ति कवि के पददलित अहंकार और सामाजिक वैषम्य के फलस्वरूप प्रस्फुटित हुई है किंतु अपनी लघुता एवं निरीहता के बावजूद भी नया कवि अपने अस्तित्व के प्रति पूर्ण रूप से जागरूक एवं सजग है। यद्यपि–

ये ऐसे भी दिन थे–
जब मुझे अपना लघु अस्तित्व
किसी विराट का खंड मात्र लगता था
और जिससे मिलने को
मैं अनुक्षण–विकल था[59]

किंतु आज कवि किसी विराट सत्ता की कृपालुता एवं दया पर आश्रित नहीं है। वह अपने लघु अस्तित्व में भी सार्थक है, पूर्ण है। भारत जी ने कितने मार्मिक शब्दों में अपने लघु अस्तित्व की सार्थकता प्रकट की है :

खंड भी हूँ तो किसी दर्पण का खंड हूँ
अपने लघु अस्तित्व में भी
मैं सार्थक हूँ, पूर्ण हूँ
लाख रहूँ छोटा, पर मुकुट हूँ पूरा ही
और
मेरे अनगढ़ कुरूप चौखटे में बँधी
जीवन की झाँकी जो,
पूरी है, अखंड है।[60]

4.10 व्यंग्य

जीवन की कटुताओं एवं विषमताओं पर सबसे तीक्ष्ण चोट करने का सबसे समर्थ साधन व्यंग्य है। नयी कविता का युग वास्तव में मानवीय मूल्यों के विघटन का युग है। अपने युग की सामाजिक, राजनीतिक व आर्थिक विसंगतियों से पीड़ित होकर नये कवि का मन अत्यधिक क्षुब्ध हो उठा है, फलस्वरूप कवि मन की कुंठा और घुटन व्यंग्य के रूप में प्रस्फुटित हुई है। "जिस समाज में मानव मन बीमार और कुंठित ही नहीं, खोखला भी है उस समाज में रचित काव्य में व्यंग्यात्मकता का आ जाना स्वाभाविक ही है क्योंकि राजनीति जिस स्वस्थ समाज की बात करती है, कवि उस स्वास्थ्य में खोखले व्यक्तित्व वाले मानव मन का ही दर्शन कर पाता है। सामाजिक विश्वास और वास्तविक नेताओं की कथनी और करनी के बीच जो अंतर दिखाई देता है वह भी कवि को व्यंग्यात्मक शैली अपनाने के लिए विवश करता है।"[61] नया कवि न केवल राजनीति व समाज के प्रति व्यंग्य कसता है, वरन् वह स्वयं अपने प्रति, अर्थात् आत्मव्यंग्य भी करता है क्योंकि उसकी बौद्धिकता भी उसके सम्पन्न एवं सफल जीवन व्यतीत करने में असमर्थ सिद्ध हुई है। भारतभूषण अग्रवाल में यह प्रवृत्ति विशेष रूप से प्रतिफलित हुई है, वे स्वयं स्वीकार करते हैं "जब से मुझे यह मालूम पड़ गया है कि कविता से कुछ नहीं होता सिवाय इसके कि कविता से कवि ही होता है, तब से व्यंग्य का सहारा मैंने नहीं लिया, आत्मव्यंग्य ही लिखता रहा हूँ अर्थात् अपने पर ही व्यंग्य लिखता रहा हूँ और अपनी ही कमजोरी पर हँसता रहा हूँ।"[62] इस प्रसंग में कवि की निम्नलिखित पंक्तियाँ उत्कृष्ट हैं :

क्या फायदा हुआ दर्जा छह में यह पढ़ने से
कि कस्तूरी मृग के कुंडल में बसती है ?
मैंने पूरी ज़िंदगी भटकने में ही बिताई है
और अब सब ओर से विफल होकर
जब मैं अपना कुंडल चीर-फाड़ रहा हूँ
तो वह इस खोखल में मिलती क्यों नहीं।
... ...
कहीं ऐसा तो नहीं है
कि मैं कस्तूरी मृग ही नहीं हूँ
और मेरी भटकन और चीर फाड़
मात्र मेरा दंभ है।[63]

भारत जी ने सामाजिक और राजनीतिक विसंगतियों तथा प्रेम के बदले हुए संदर्भों की विडंबनाओं पर भी तीव्र रूप से कटाक्ष किया है। इसी कारण जो भावुकता व प्रेम की गहराई भारत जी की प्रारंभिक रचनाओं में दृष्टिगोचर होती है वही कालांतर

में व्यंग्य का आधार बन गई है। 'हो तो सकता था', 'सन्नाटे का दर्पण', 'अनुपस्थित लोग', 'घाव' इत्यादि कविताओं में प्रेम के बदले हुए संदर्भों की विडंबना पर कवि का निर्मम व्यंग्य परिलक्षित होता है। इस संदर्भ में कवि की यह कविता द्रष्टव्य है :

"नहीं
प्यार वह फल नहीं
जो अपने आप उगा
मुस्कराया
और झर गया
हँसकर एक दिन को अमृत से भर गया।
प्यार तो वह घाव है
जो गड्ढे में गिरकर मुझे मिला है
डॉक्टर जिसे भरने की फीस चार्ज करता है।
पट्टी के नीचे जो हर दम कराहता है
'यह क्या कर लिया?' दोस्त टोकते हैं
उफ़, मन इसको क्यों चाहता है?"[64]

मध्यमवर्गीय मन की क्षुद्रता, स्वार्थपरता और अदूरदर्शिता पर भी कवि ने चुन-चुन कर व्यंग्य के प्रहार किये हैं।[65] इस प्रंसग में कवि की 'परंपरा : एक नयी उपलब्धि' विशेष उल्लेखनीय है :

पहले बिके धर्म पर,
फिर बिके भक्ति पर
रूप पर मध्य युग में बिके
बिकना तो अपनी परंपरा है।
आज इस संकट की बाढ़ में
जब कहीं धर्म नहीं
भक्ति नहीं
रूप नहीं
हार कर हम बिके चाँदी के टुकड़ों पर
हम प्रसन्न हैं
हम कृतकृत्य हैं
हमने अपनी परंपरा
अक्षुण्ण रखी है।

उपर्युक्त कविता में भारत जी ने प्रतीक के माध्यम से आधुनिक बिकाऊ प्रवृत्ति पर

तीक्ष्ण रूप से कटाक्ष किया है। इसके अतिरिक्त 'मैं और मेरा पिट्ठू'[66], 'विदेह',[67] 'हो तो सकता था' आदि कविताओं में समाजगत विसंगतियों पर मार्मिक व्यंग्य परिलक्षित होता है। किंतु यह व्यंग्य हँसी नहीं अमर्ष उत्पन्न करता है, पर हँसे बिना रहा भी नहीं जा सकता।[68]

भारत जी में जनतंत्र, युद्ध की विभीषिका, राजनीतिक विडंबनाओं, आर्थिक विसंगतियों पर भी चुटीले व्यंग्य दृष्टिगत होते हैं जिनके परिप्रेक्ष्य में कवि का इन विसंगतियों के प्रति तीव्र आक्रोश ही प्रतिफलित हुआ है। 'कार्टूनों का जुलूस', 'आने वालों एक सवाल', 'अहिंसा', 'हर बार यही होता है' आदि कविताओं में व्यंग्य की सुंदर अभिव्यक्ति हुई है। 'हर बार यही होता है', तथा 'अन्वेषण' में कवि द्वारा देश की वर्तमान स्थिति तथा आर्थिक विसंगतियों के मध्य जूझते हुए मध्यमवर्गीय व्यक्ति और सरकार द्वारा सांस्कृतिक मोर्चों को सँभाले रखने के प्रयत्नों की विडंबना पर तीव्र कटाक्ष किया गया है। भारत जी ने राजनीति के दाँवपेंचों से धूमिल देश के नक्शे का यथार्थ चित्र इस कविता में उद्घाटित किया है।

> आयोजनों की फूल-मालाओं से
> इतना लद गया है मेरे देश का नक्शा
> कि अब वह दिखाई नहीं देता।
> और हरी क्रांति के लिए
> खेत में टाइपराइटर और हर मोहल्ले
> में ऐस्प्रेसो प्लांट बैठा दिये गये हैं।
> कल रात नये साल के पहले पल में
> जब समाजवादी नारों की पोटली बगल में
> दबाये हवाई जहाज से पालम पर उतरा तो
> मुझसे बोला 'यह हल यहाँ क्यों पड़ा है ?
> दोनों बैल कहाँ गये ?' मैंने हँसकर कहा
> आपको भ्रम हुआ है। हल कोई भी कहाँ है हमारे यहाँ ?
> हाँ एक ड्राफ्ट जरूर है पर वह अभी
> फाइनलाइज नहीं हो पाया है क्योंकि सारे,
> इंजीनियर जंतर मंतर की ईंटें गिन रहे हैं।[69]

भारत जी ने अपने तुक्तकों के माध्यम से हिंदी में अर्थहीन हास्य लिखने की नवीन परंपरा स्थापित की है। वस्तुतः भारत जी में हास्य और व्यंग्य वक्रता के साथ वर्तमान जीवन की विसंगतियों एवं विडंबनाओं के प्रति तीव्र आक्रोश है, जिसके परिणामस्वरूप ही इतनी सशक्त व कटु सत्य पर आधारित व्यंग्यात्मक रचनाएँ हुई हैं।

4.11 मध्यमवर्गीय चेतना

ब्रिटिश साम्राज्यवादी नीति ने पूँजीवादी आर्थिक नीति को प्रश्रय देकर भारतीय समाज को तीन वर्गों में विभाजित किया। इस वर्ग विषमता ने अनेक समस्याओं को जन्म दिया जिससे मध्यमवर्गीय व्यक्ति विशेष रूप से प्रभावित हुआ। महँगाई, बेकारी, बीमारी, शोषण व आर्थिक पराभव से मध्यमवर्गीय व्यक्ति के मन में निराशा, खीझ, अकुलाहट व पलायनवादी भावों का प्रतिफलन हुआ, जिससे यह वर्ग अधिकाधिक अंतर्मुखी होता गया। अपनी स्वर्णिम कल्पनाओं को भस्म होते देख मध्यमवर्गीय व्यक्ति के मन में पराजय व घुटन की प्रवृत्तियों ने जन्म लिया। नयी कविता में अधिकांशतया निराशा, घुटन व कुंठा के स्वर निःसृत हुए हैं, उसके परिप्रेक्ष्य में मध्यमवर्गीय मन की स्वप्न भंग व मोह भंग की स्थिति ही है।

भारतभूषण अग्रवाल के काव्य में यह भाव धारा, अत्यंत यथार्थ रूप में प्रवाहित हुई है। वास्तव में यदि अग्रवाल जी को मध्यमवर्गीय मन का कुशल चितेरा कहा जाए तो अत्युक्ति न होगी। सामाजिक व्यवस्था और उसकी आधारगत आर्थिक व्यवस्था मध्यवर्ग के नवयुवक को अप्राकृतिक रूप से महत्त्वाकांक्षी और स्वप्नाभिलाषी बना देती है।[70] किंतु जब प्रयास करने पर भी मानव उन स्वप्नों की पूर्ति में असमर्थ हो जाता है तो उसके भीतर गहरी निराशा अथवा समाजगत व्यवस्था के प्रति कटु व्यंग्य का आविर्भाव होता है। भारतभूषण अग्रवाल के काव्य में मध्यवर्गीय मन की सच्ची छटपटाहट, दैवी शक्तियों से अनुप्रेरित और अनुशासित होते रहने की मध्य वर्ग की विवशता, अपनी सीमित शक्ति की व्यर्थता के प्रति खीज और अपने छोटे से छोटे स्वप्न को भी साकार न कर सकने की झुँझलाहट तो व्याप्त है ही, साथ ही मध्यमवर्गीय मन की क्षुद्रता, स्वार्थपरता और अदूरदर्शिता पर निर्मम व्यंग्य कसने से भी भारत जी की विशिष्टता है।[71] यथा :

पहले बिके धर्म पर,
फिर बिके भक्ति पर,
रूप पर मध्ययुग में बिके
बिकना तो अपनी परंपरा है
आज इस संकट की बाढ़ में
जब कहीं धर्म नहीं
भक्ति नहीं
हार कर हम बिके चाँदी के टुकड़ों पर
हम प्रसन्न हैं
हम कृतकृत्य हैं

हमने अपनी परंपरा
अक्षुण्ण रखी है।[72]

उपर्युक्त कविता में मध्यमवर्ग की बिकाऊ प्रवृत्ति पर करारी चोट की गई है। किंतु साथ ही अग्रवाल जी के काव्य में मध्यमवर्गीय व्यक्ति के प्रति गहरी संवेदना भी परिलक्षित होती है। 'जहाँ मैं हूँ', 'अगति', 'ट्रैफिक पुलिसमैन', 'परिदृश्य 1967', 'चीर-फाड़', 'मैं और मेरा पिट्ठू'[73] 'विदेह'[74] आदि अधिकांश कविताओं में भारत जी ने मध्यमवर्गीय व्यक्ति की मर्मस्पर्शी झाँकी प्रस्तुत की है। कवि ने यहाँ कितने मार्मिक शब्दों में मध्यमवर्गीय व्यक्ति की विवशता को वाणी प्रदान की है :

और तब धीरे-धीरे ज्ञान हुआ
भूल से मैं सिर छोड़ आया हूँ दफ्तर में
हाथ बस में टँगे रह गए
आँखें जरूर फाइलों में ही उलझ गईं
मुँह टेलीफोन से ही चिपटा सटा होगा
और पैर हो-न-हो क्यू में रह गए हैं
तभी तो मैं आज घर आया हूँ विदेह।[75]

वर्तमान समाज में मध्यमवर्गीय व्यक्ति की स्थिति अत्यंत दयनीय हो गई है। जीवन की साधारण आवश्यकताओं की पूर्ति में भी वह असमर्थ है। दूसरी ओर हृदय में असंख्य कोमल कल्पनाएँ, मधुर स्वप्न व महत्त्वाकांक्षाएँ भरी हुई हैं। ऐसी विषम स्थिति में मानव का व्यक्तित्व बँट गया है। यथा :

शाम को जब मैं
बस के फुटबोर्ड पर टँगा-टँगा घर आता हूँ
तब मेरा पिट्ठू
चाँदनी की बाँहों में बाँहें डाले
मुगल गार्डन में टहलता रहता है।
और जब मैं
बच्चे की दवा के लिए
'आउटडोर ब्राडं' की क्यूं में खड़ा रहता हूँ
तब मेरा पिट्ठू
कवि सम्मेलन के मंच पर पुष्पमालाएँ पहनता है।[76]

4.12 मानवतावादी स्वर

मनुष्य का सर्वाधिक परिव्याप्त एवं परिष्कृत स्वर है मानव प्रेम अर्थात् आत्म से हटकर

आत्मेतर सुख-दुःख, राग-विराग, प्रेम, घृणा आदि के प्रति संवेदना। स्वभावगत विशिष्टता के कारण कवि की संवेदनशीलता अन्य प्राणियों की अपेक्षा तीव्र होती है अतः समाजगत घात-प्रतिघातों से वह शीघ्र प्रभावित होता है किंतु यदा-कदा कवि की चेतना 'स्व' की परिमित सीमा में खोकर एकांगी भी हो उठी है। हिंदी के रीतिकालीन साहित्य में अधिकांशतया इन्हीं भावों की संपुष्टि हुई है, किंतु वस्तुतः–

> ''अपने में मरकर कैसे व्यक्ति विकास करेगा''
> यह एकांत स्वार्थ है भीषण-नाश करेगा॥[77]

अतः

> औरों को हँसते देखो मनु, हँसो और सुख पाओ
> अपने सुख को विस्तृत कर लो सबको सुखी बनाओ॥[78]

कवि जब मानव मात्र के कल्याण की आकांक्षा से प्रेरित होता है तो उसकी अभिव्यक्ति व्यक्तिगत राग-विराग तक परिसीमित न रहकर समाज, राष्ट्र और विश्व की ओर उन्मुख होती है। वह व्यष्टि से समष्टि की ओर अग्रसर होता है। वस्तुतः ''मानवतावादी लेखक अधिक भावुक और आदर्श प्रेमी होता है... वह अपनी अपार सहानुभूति से पददलित मानव की अशेष निहित शक्तियों और संभावनाओं का आलेखन करता है।''[79]

भारतभूषण अग्रवाल जी में यह भाव धारा उद्दाम वेग से प्रवाहित हुई है। सामाजिक चेतना के पक्षपाती और शक्ति तथा स्वातंत्र्य के व्याख्याता भारत जी का काव्य मानवतावाद पर ही प्रतिष्ठित है। भारत जी में मानव विकास के प्रति आस्था प्रबल रूप से सन्निहित है अतः भारत जी उन मान्यताओं और रूढ़ियों का विरोध करते हैं जो मानव प्रगति में बाधा उत्पन्न करती हैं।

> पर भय क्या है। अब देर नहीं
> हम अग्नि शिखा प्रज्वलित करेंगे
> जिसके सम्मुख एक बार ही
> गल-गल पिघल जायेंगे सारे हिम के प्रस्तर।
> एक बार फिर
> जीवन पायेगा–अपनी उन्मुक्त धार, निर्बाध प्रगति
> टूटेंगे गति के पथ में आए रूढ़िग्रस्त मानव मन के भाव बंध
> फिर से समस्त जग में छाएगा नव-प्रकाश।[80]

इसी प्रकार शोषितों, पीड़ितों व दलित वर्ग के प्रति करुणाभिव्यक्ति के परिपार्श्व में भी उनका मानवतावादी स्वर निःसृत हुआ है। नयी कविता के कुछ आलोचकों ने

इस बात पर बार-बार बल दिया है कि नया कवि साधारण, छोटे, महत्त्वहीन और नगण्य मनुष्य के लिए बड़ा चिंतित है। उसकी यह चिंता ही नये काव्य की मानवीयता है। "साधारण, छोटे, महत्वहीन, नगण्य मनुष्य की मुक्ति, उसकी निहित संभावनाओं का विकास, उसकी चेतना पर जकड़ी हुई राजनीतिक, सामाजिक, धार्मिक, मनोवैज्ञानिक जंजीरों को खोलकर उसे अपने विवेक, अपनी जीवन पद्धति से व्यापक सत्य की निजी उपलब्धि करने का अवसर देना, उसके यथार्थ के सारे जटिलतम ताने-बाने को ठीक-ठीक समझना और किसी काल्पनिक भविष्य नहीं, वरन् इसी कटुतम वर्तमान में सामान्य मानव की नियति को संस्कार दे सकने की क्षमता यही नये साहित्य की मानववादी प्रवृत्ति है।"[80] भारत जी की अधिकांश रचनाओं में इसी साधारण, छोटे, महत्त्वहीन, नगण्य मनुष्य के प्रति संवेदना प्रकट की गयी है।

और ये दो-चार वैभवशालियों की स्वार्थ चक्की में पिसे-मजदूर।
इनके कठिन, सूखे हाथ—
अरे ! देखो तो तनिक इक बार इनकी ओर।
खुरदरी खालों मढ़े, टेढ़े, बड़े, लम्बे, कुढंगे,
शुष्क से, कीचड़ सने ये हाथ
फेर मत लो किंतु तुम आँखें घृणा से।
यह वही कीचड़ कि जिससे—
जिस समय होगा नवीन प्रभात—
प्रकट होगा नवल युग का मुक्त नव जलजात।[82]

4.13 क्षणबोध

नयी कविता में क्षणबोध की मूल प्रेरणा पाश्चात्य साहित्य से गृहीत है, जिसके परिप्रेक्ष्य में अस्तित्ववादी दर्शन है। पश्चिम में इस क्षणवादी विचारधारा के प्रवर्तक डी. एच. लारेन्स, वर्गसाँ, ज्याँ पाल सार्त्र तथा अन्य फ्रेंच प्रतीकवादी रहे हैं, जिनसे हिंदी के नये कवि विशेष रूप से प्रभावित हैं। क्षणवादी दर्शन की मूल भावना यह है कि जीवन का एक सुखद क्षण संपूर्ण जीवन से कहीं अधिक श्रेयस्कर है। क्षणवादी वर्तमान में जिए जानेवाले क्षण को ही शाश्वत और सनातन मानते हैं। और उसी क्षण के महत्त्व को स्वीकार कर उसी क्षण के सुख को अंगीकार कर लेने में ही जीवन की सार्थकता मानते हैं। इसी कारण क्षणवादी विचारकों की भविष्य के प्रति आस्था नहीं है। क्षणवादियों के अनुसार जीवन को भूत व भविष्य से शृंखलित करके चलने से जीवन में निराशा व विषमता ही परिव्याप्त होती है अतः हमें एक क्षण के पश्चात् ही दूसरे क्षण में सुख प्राप्ति का प्रयत्न करते चलना चाहिए और इसी प्रकार जीवन के प्रत्येक क्षण को सुख से पूर्ण बनाना चाहिए, यही हमारे जीवन का चरम उत्कर्ष

है। अतः क्षण-क्षण आगे बढ़ने से ही वर्तमान का निर्माण होता है और यही वर्तमान सब कुछ है।

भारतभूषण अग्रवाल की रचनाओं में क्षणवादी भावनाएँ गहराई के साथ निःसृत हुई हैं। भारत जी ने भी उस क्षण की महत्ता स्वीकार की है जो लघु होते हुए भी विराट है, जो एक नन्हा-सा कण है, किंतु फिर भी उसकी उपलब्धि को झुठलाया नहीं जा सकता। अतः कवि उसे पूर्णता से भोगने में ही सार्थकता मानता है। यथा :

पल भर ही सही,
सिक्त जिस कण ने
निर्मल समर्पण के जिस विविक्त क्षण ने
अभी मुझे छुआ—
उसे क्यों झुठलाऊँ ?
प्यार से जलते इस कंठ में
जो हलचल मची है
उसे क्यों दबाऊँ।[83]

भारत जी में क्षणबोध व्यापक धरातल पर अभिव्यक्त हुआ है। 'दो क्षण' कविता में दो क्षण आनंद के साथ व्यतीत करने का भाव प्रबल हो उठा है। वे केवल दो क्षण प्राणों की लौ से सर्वांग खिले रहना चाहते हैं।[84] इसी क्षण को सार्थकता से व्यतीत करने में ही वे अपने जीवन का सुख मानते हैं।

कितने खुशकिस्मत हैं हम।
जो एक दूसरे की आँखों में हैं
अकेले हैं,
और यहाँ हैं
इस क्षण में
इस टेबिल पर।[85]

वर्तमान के प्रति ममत्व अथवा छोटे-से-छोटे क्षण को पूर्णता से भोग लेने की प्रवृत्ति के परिणामस्वरूप कवि जीवन की विसंगतियों अथवा पथ की बाधाओं से भी विचलित नहीं होता।

मंज़िल अभी दूर है
अभी मेरी आँखें, मेरे हाथ, पैर, कान, नाक
मेरा सर्वांग, एक उठा हुआ डग है
वामन के अनथापे तीसरे कदम सा—

फूल रंग-छाया-जल
मेरी चेतना में अभी ये सब स्थगित हैं
अभी मैं वर्तमान हूँ क्षण हूँ।[86]

अतः क्षणवाद और अस्तित्व के प्रति जागरूकता के परिप्रेक्ष्य में पाश्चात्य प्रभाव ही है। वर्तमान की आग्रहपूर्वक स्वीकृति और क्षणग्राह्यता ने कवि को भोगवादी भूमिका पर प्रतिष्ठित किया है।

संदर्भ

1. To achieve this contact or communion (love) is the final aim and purpose of human existence.—Radhakrishnan From preface to Dilip Kumar Roy's 'Among the Great' (1950)
2. All things must die, but love alone eluds morality.
   It overleaps the tombs, and bridges the charm of death with generation....Our wealth is a weariness, and our wisdom is a little light that ohills, but love warms the heart with unspeakable, solace, even more when it is given than when it is received. All other things are futile, let us cherish it.—Will Durant : 'The Mansions of Philosophy' (1929), p.170
3. It is better to have loved and lost
   than never to have loved at all.—Tennyson.
4. ओ अप्रस्तुत मनः भारतभूषण अग्रवाल, पृ.34
5. आधुनिक हिंदी कविता में प्रेम और सौंदर्य से उद्धृत, रामेश्वरलाल खंडेलवाल, पृ. 120
6. तारसप्तक : भारतभूषण अग्रवाल, पृ. 103
7. वही, पृ. 106
   और भी देखिए
   छलक कर आयी न पलकों पर विगत पहचान
   मुस्करा पाया न ओठों पर प्रणय का गान
   ज्यों जुड़ी आँखें, मुड़ीं तुम, चल पड़ा मैं मूक—
   इस मिलन से और भी पीड़ित हुए प्राण।—तारसप्तक, पृ. 104
8. कामायानी, पृ. 114
9. डॉ. देवराज : इतिहास पुरुष, पृ. 66
10. अग्निलीक : भारतभूषण अग्रवाल, प्रकाशनाधीन
11. वही।
12. अनुपस्थित लोग : भारतभूषण अग्रवाल, पृ. 63
13. ओ अप्रस्तुत मन : भारतभूषण अग्रवाल, पृ. 63
14. जागते रहो : भारत-भूषण अग्रवाल, पृ. 24-25
15. आचार्य रामचन्द्र शुक्ल : चिंतामणि (प्रथम भाग), पृ. 114

16. तारसप्तक : भारतभूषण अग्रवाल, पृ. 100
17. भारतभूषण अग्रवाल : ओ अप्रस्तुत मन
18. ओ अप्रस्तुत मन : भारतभूषण अग्रवाल, पृ. 83
19. अनुपस्थित लोग : भारतभूषण अग्रवाल, पृ. 67
20. अनुपस्थित लोग : भारतभूषण अग्रवाल, पृ. 60
21. राम ! तुम मानव हो, ईश्वर नहीं हो क्या ?
    विश्व में रमे हुए सब कहीं नहीं हो क्या ?
    तब मैं निरीश्वर हूँ, ईश्वर क्षमा करें
    तुम मुझमें न रमो तो मन तुममें रमा करे—साकेत, मैथिलीशरण गुप्त
22. मैं छोड़कर पूजा
    क्योंकि पूजा है पराजय का विनत स्वीकार
    बाँधकर मुट्ठी तुझे ललकारता हूँ
    सुन रही है तू?
    मैं खड़ा तुमको यहाँ पुकारता हूँ—ओ अप्रस्तुत मन : भारतभूषण अग्रवाल
23. ओ अप्रस्तुत मन : भारतभूषण अग्रवाल, पृ. 102
24. वही, पृ. 112
25. दिनकर : कुरुक्षेत्र, भूमिका
26. सेतुबंधन : भारतभूषण अग्रवाल, पृ. 6
27. वही, पृ.32
28. अग्निलीक, प्रकाशनाधीन
29. वही
30. एक उठा हुआ हाथ, पृ. 30
31. ओ अप्रस्तुत मन : भारतभूषण अग्रवाल, पृ. 150
32. वही, पृ. 50
33. सेतुबंधन : भारतभूषण अग्रवाल, पृ. 43
34. डॉ. शिवकुमार मिश्र : नया हिंदी काव्य, पृ. 225-226
35. देखिए, प्रसंगवश, पृ. 41
36. मुक्तिमार्ग, पृ. 28
37. प्रसंगवश : भारतभूषण अग्रवाल, पृ. 51
38. सुनी अँधेरी हृदय की गुहा : ओ अप्रस्तुत मन, भारतभूषण अग्रवाल, पृ. 9
39. ओ अप्रस्तुत मन : भारतभूषण अग्रवाल, पृ. 53
40. युगचेतना, सितंबर, 1957
41. मुक्तिमार्ग : भारतभूषण अग्रवाल, पृ. 45
42. अरे साथियो यदि तुम तक भी पहुँच सके मेरी यह वाणी इतना लेना जान, अंत तक मैंने पथ से हार न मानी (मुक्तिमार्ग, पृ. 2)
43. मुक्तिमार्ग : भारतभूषण अग्रवाल, पृ. 23
44. गिरि शैलों को फोड़-फोड़ कर प्रकट हो रहा है जो निर्झर
    हम तुम भी दो बिंदु उसी के, क्यों न फूट निकले हम बाहर।
    आओ हम अपनी धारा को खोजें, पायें, गति की अन्तर्गत बनने को
    यही एक पथ है विकास का, यह शक्ति सततोन्मुख होगी।

45. ओ अप्रस्तुत मन : भारतभूषण अग्रवाल, पृ. 91-92
46. आर्ट एंड सोशल लाइफ, पृ. 227
47. यह जन है। गाता गीत जिन्हें फिर और कौन गाएगा ?
पनडुब्बी : ये मोती सच्चे फिर कौन कृति लाएगा ?
यह समिधा : ऐसी आग हठीला, विरला सुलगाएगा।
यह अद्वितीय : यह मेरा : यह मैं स्वयं में विसर्जित
यह दीप अकेला, स्नेह भरा,
है गर्व भरा मादकता पर
इसको भी पंक्ति दे दो।—अज्ञेय, बावरा अहेरी
48. अनुपस्थित लोग : भारतभूषण अग्रवाल, पृ. 18
49. ओ प्रस्तुत मन : भारतभूषण अग्रवाल
50. शिवकुमार मिश्र : नया हिंदी काव्य
51. नयी कविता के सात अध्याय : डॉ. देवश ठाकुर
52. जगदीश गुप्त (शब्द दंश), पृ. 9
53. भारतभूषण अग्रवाल : ओ अप्रस्तुत मन, पृ. 42-43
54. वही, पृ. 59-60
55. धर्मवीर भारती : सात गीत वर्ष, पृ. 93-141
56. नयी कविता (1) 1954, पृ. 76
57. अनुपस्थित लोग : भारतभूषण अग्रवाल, पृ. 59
58. वही, पृ. 59
59. वही, पृ. 13
60. वही, पृ. 14
61. नरेश मेहता, 'कृति' काव्य विशेषांक, पृ. 99-100
62. सैनिक समाचार लेख : रणवीर रांग्रा, अंक 21 जुलाई, 1974
63. एक उठा हुआ हाथ : भारतभूषण अग्रवाल, पृ. 62-63
64. भारतभूषण अग्रवाल : ढाई अक्षरों पर पाँच व्यंग्य, ज्ञानोदय, अप्रैल 1967, पृ. 8
65. अपने से दूर ऊपर परोक्ष की शक्तियों से अनुप्रेरित-अनुशासित होते रहने की विवशता, अपनी सीमित शक्ति की व्यर्थता के प्रति खीज और अपने छोटे से छोटे सपने को पूरा न कर सकने की झुँझलाहट—इन कविताओं में ये तत्त्व आपको अवश्य मिलेगा, जिसका मुझे विशेष रूप से गर्व है। इसमें आपको मध्यवर्गीय मन की क्षुद्रता, स्वार्थपरता और अदूरदर्शिता पर निर्मम व्यंग्य भी मिलेगा। यह व्यंग्य मेरी ईमानदारी का अंतिम प्रमाण है।—ओ प्रस्तुत मन, वक्तव्य, पृ. 10
66. एक दीखने वाली मेरी इस देह में
दो 'मैं' है
एक मैं
और मेरा पिट्टू
मैं तो खैर मामूली सा क्लर्क हूँ
पर मेरा पिट्टू ?
वह जीनियस है।—अनुपस्थित लोग, भारतभूषण अग्रवाल, पृ. 32
67. और तब धीरे-धीरे ज्ञान हुआ

भूल से मैं सिर छोड़ आया हूँ दफ्तर में
हाथ बस में टँगे रह गये
आँखें जरूर फाइलों में ही उलझ गईं
मुँह टेलीफोन में ही चिपटा-सटा होगा
और पैर हो न हो क्यू में रह गये हैं—
तभी तो मैं आज घर आया हूँ विदेह ही। वही पृ. 78

68. स्वातंत्र्योत्तर हिंदी कविता में व्यंग्य : शेरजंग गर्ग, पृ. 304
69. एक उठा हुआ हाथ : भारतभूषण अग्रवाल, पृ. 74
70. प्रसंगवश : भारतभूषण अग्रवाल : पृ. 12
71. वही, पृ. 24
72. ओ अप्रस्तुत मन : भारतभूषण अग्रवाल
73. अनुपस्थित लोग : भारतभूषण अग्रवाल, पृ. 30
74. वही, पृ. 77
75. वही, पृ. 78
76. अनुपस्थित लोग : भारतभूषण अग्रवाल, पृ. 30-31 और भी देखिए—
एक दीखनेवाली इस देह में
दो 'मैं' है
एक मैं
और एक मेरा पिट्ठू।
मैं तो खैर मामूली सा क्लर्क हूँ
पर मेरा पिट्ठू ?
वह जीनियस है।—अनुपस्थित लोग, पृ. 32
77. कामायनी : जयशंकर प्रसाद, पृ. 140
78. वही, पृ. 140
79. नंददुलारे वाजपेयी : राष्ट्रीय साहित्य तथा अन्य निबंध, पृ. 72
80. तारसप्तक : भारतभूषण अग्रवाल, पृ. 93
81. ठेले पर हिमालय : डॉ. धर्मवीर भारती
82. जागते रहो : भारतभूषण अग्रवाल, पृ. 29
83. अनुपस्थित लोग : भारतभूषण अग्रवाल, पृ. 44
84. ओ अप्रस्तुत मन : भारतभूषण अग्रवाल, पृ. 53
85. अनुपस्थित लोग : भारतभूषण अग्रवाल, पृ. 52
86. वही, पृ. 80

पंचम अध्याय

शिल्प-विश्लेषण

5.1 भाषा

"भाषा कवि की स्वानुभूति को सफलतापूर्वक अभिव्यक्त करने का सुंदर माध्यम है। क्योंकि भाषा ही भाव एवं विचारों को वहन करके कवि की स्वानुभूति को उसके अंतःप्रदेश से बाह्य जगत् में लाती है। और अपनी अपूर्व क्षमता द्वारा उन्हें सर्वजनसुलभ बनाती है।"[1]

साधारणतया यह अभिमत व्यक्त किया जाता है कि काव्य भाषा कवि की अभिव्यक्ति का बाह्य ढाँचा मात्र है। यह मत वस्तुपरक काव्य के लिए सत्य हो सकता है किंतु अनुभूति एवं संवेदना से संप्रेषित काव्य के लिए यह संभव नहीं। अनुभूति और संवेदना से पूरित काव्य में कवि की अनुभूति और अभिव्यक्ति का गहरा संबंध होता है। वस्तुतः काव्य भाषा का स्वरूप कवि की अनुभूति के स्वरूप से विनिर्मित और नियंत्रित होता है। प्रयोजन की भाषा और कवि की भाषा में मूल भेद यही है कि कवि की भाषा कवि की अनुभूति, उसके बोध और उसकी संवेदना अभिव्यक्त करती है जबकि प्रयोजन की भाषा एक निश्चयात्मकता लिए होती है।

छायावादोत्तर काव्य में भाषा को नयी प्रतीति प्रदान की गई, नवीन प्रयोगों से भाषा में नये तेवर उत्पन्न हुए और साधारण बोलचाल की भाषा के समीप पहुँचकर वह अनौपचारिक, परिचिता और विश्वसनीय हो गई है। "नयी कविता ने अंग्रेज़ी प्रभाव से शब्द प्रयोग की विविध चेष्टाओं द्वारा अपनी अर्थवत्ता को संबंधित किया और भाषा की शक्ति के विकास को नयी दिशाओं का संकेत दिया। इतना ही नहीं, उत्तराधिकार में प्राप्त समस्त प्रभावों के प्रति सजगता व्यक्त करते हुए शब्दार्थ की आंतरिक अन्विति पर आधारित एक ऐसा सौंदर्यबोध विकसित किया, जिसमें खड़ी बोली का खड़ापन साधक तत्त्व बन गया।"[2]

नयी कविता में खड़ी बोली के संस्कारों को पहली बार पहचाना गया और उसे परिवर्तित अथवा मार्जित-परिष्कृत करने के स्थान पर ज्यों का त्यों अपनाकर काव्य के अनुरूप ढाला गया। यह नयी कविता का बड़ा भारी प्रदेय है, जिसका ऐतिहासिक महत्त्व असंदिग्ध है। "नयी कविता के विरोधी नयी कविता के अन्य किसी भी कीर्तिमान को स्वीकार करने में संकोच का अनुभव करें किंतु उन्हें यह मानना ही होगा कि नयी कविता की बाढ़ से काव्य भाषा की ऐसी उर्वर मिट्टी बहकर कविता के कछारों को उपजाऊ बनाने में सफल हुई है जिसका अधिकाधिक लाभ हिंदी की भावी कविता को मिलेगा।[3]

भारतभूषण अग्रवाल जी की भाषा को न तो अभिजात कहा जा सकता है और न ही कलापूर्ण कह सकते हैं। वह अत्यंत अनौपचारिक तथा व्यावहारिक है। वस्तुतः अग्रवाल जी में भाषा के प्रति विशेष आग्रह परिलक्षित नहीं होता। काव्य भाषा में अनौपचारिकता और व्यावहारिकता ने भारत जी को यथार्थ की भूमि पर प्रतिष्ठित किया है। भारत जी स्वयं भी स्वीकार करते हैं "नये कवि को प्रचलित भाषा में ही नया अर्थ भरना है नयी अभिव्यक्ति का माध्यम पाना है। यही नहीं उसके आस-पास एक विदेशी भाषा का ऐसा धड़ल्ले से व्यवहार होता है कि सही भावाभिव्यक्ति के लिए उसके शब्दों का पूर्ण बहिष्कार करने की स्थिति में वह नहीं है। परिशुद्धतावादी उसे चाहे कितना ही क्यों न कोसें, दैनंदिन बोलचाल में, प्रचलित इन अंग्रेज़ी शब्दों के स्थान पर हिंदी के शब्द बैठाना कृत्रिम ही कहा जाएगा और ऐसे शब्द भाव की व्यंजना नहीं कर सकेंगे। यथार्थ की भूमि पर जो काव्य खड़ा है उसका माध्यम यथार्थ भाषा ही हो सकती है—शब्दकोश की भाषा नहीं।"[4] अतः यथार्थ की भूमि पर परिनिष्ठित भाषा के लिए भारत जी ने ज्ञान-विज्ञान और विभिन्न कलाओं से शब्दों का चयन किया है। राजनीति, समाज विज्ञान, कहने का तात्पर्य यह है कि साहित्येतर क्षेत्रों से आई शब्दावली द्वारा भारत जी की भाषा को नयी अर्थवत्ता प्रदान हुई है। भारत जी ने जान-बूझकर न तो अपने आपको संस्कृतनिष्ठ भाषा में बाँधा है और न ही अंग्रेज़ी का अनुकरण किया है। भारत जी की भाषा में न तो द्विवेदीयुगीन सपाट अभिधात्मकता दृष्टिगोचर होती है और न ही छायावादी स्फीतिमयी लाक्षणिक भंगिमा। अपने शब्द चयन में अग्रवाल जी पूर्ण सजग एवं सतर्क थे। वे उसी भाषा का प्रयोग करते थे, जिसका अर्थ वही होता है जो अभिप्रेत हो।

भारतभूषण अग्रवाल मानवानुभूतियों के सुलझे हुए कवि हैं। उन्होंने आत्मगत भावों की सरल अभिव्यक्ति की है। कला के किसी विशिष्ट प्रकार के प्रति उनका कोई आग्रह नहीं है। भाव जिस रूप में उनके हृदय में उद्बुद्ध हुए हैं, वे उसी रूप में कवि द्वारा प्रस्फुटित हुए हैं। कवि ने सजा-सँवार कर उन्हें कलात्मक रूप देने का अतिरिक्त प्रयास कभी नहीं किया। उनके काव्य में सौंदर्य स्वयं प्रकट एवं प्रतिष्ठित हुआ है।

भारतभूषण अग्रवाल का काव्य-भाव, विचार बोझिल अथवा सिद्धांत निरूपक न होकर सहज मानवीय संवेदनाओं का संप्रेषण करता है। उनकी भाषा भी भावों को वहन करने में पूर्णतया समर्थ है, सरलता की ओर झुकी हुई यह भाषा अर्थगांभीर्य तथा लालित्य से युक्त है जिससे काव्य में अद्भुत सौष्ठव व लयात्मकता का आगमन हुआ है।

अग्रवाल जी को अनेक भाषाओं पर सहज अधिकार था। हिंदी, उर्दू, संस्कृत, अंग्रेज़ी, बंगला पर उनका समान अधिकार था। विभिन्न भाषाओं के व्यावहारिक ज्ञान ने कवि की भाषा को सजीवता प्रदान की है।

शब्द-योजना : भारतभूषण अग्रवाल जी ने भावों की स्वाभाविक व भावपूर्ण अभिव्यक्ति के लिए उर्दू, अंग्रेज़ी, संस्कृत आदि शब्दों का प्रयोग किया है। किंतु ये शब्द इतने अप्रचलित नहीं हैं कि भावबोध में बाधक प्रतीत हों।

अग्रवाल जी ने निस्संकोच अँग्रेज़ी के शब्दों का प्रयोग किया है। ये शब्द दो प्रकार के हैं--प्रथम तो वे जो हमारे दैनिक व्यवहार में व्यवहृत होते हैं और बोलचाल की भाषा को शक्तिसंपन्न बनाते हैं और दूसरे वे शब्द जो बोलचाल से अथवा व्यावहारिक भाषा से काफी दूर पड़ते हैं। इन शब्दों में कुछ तो वैज्ञानिक शब्द हैं और कुछ साहित्यिक। अग्रवाल जी का दृष्टिकोण भाषा को बोलचाल के स्तर पर लाना है किंतु कुछ ऐसे शब्द भी प्रयुक्त हुए हैं, जो बोलचाल की भाषा से दूर पड़ते हैं। 'प्लास्टिसीन', 'मैन्टिलबोर्ड', 'इम्पोटेंट', 'क्लास', 'कॉलेज', 'हाई ब्लड प्रेशर', 'टी. वी.', 'लैफ्टराइटर', 'नोटिंग', 'फुटबोर्ड', 'रि-टाइप', 'गोर्डिन्स', 'आउटडोर', 'क्यू', 'एफिशियेन्सी', 'बार', 'क्लर्क', 'जीनियस' आदि इसके सुंदर उदाहरण हैं।

यही नहीं अंग्रेज़ी क्रियाओं का प्रयोग भारत जी की रचनाओं में परिलक्षित होता है। देखिए--

1. फ्यूज हो गया वह प्रकाश पुंज[5]
2. हाउ लवली व्हाट ए स्वीट लिटिल थिंग[6]

काव्य भाषा को जनभाषा के अधिकाधिक निकट लाने के प्रयास में कवि ने ग्रामीण शब्द यथा, निहला दो, हरहराहट, रस्तों, हरियाये, सरकंडे, पगुराती, हरसाता, भरमाया, गरमाया, ढेले में, संगी आदि का भी प्रयोग प्रचुर मात्रा में किया है।

ग्राम्य अथवा लोकभाषा के शब्दों के साथ-साथ इतर भाषाओं के शब्द ग्रहण करने में भी भारत जी ने कोई संकोच नहीं किया है। यथा उर्दू, अरबी-फारसी के बीवी, तड़पता, तैनात, कैद, खोंसना, वरदी, गुस्सा, शादी, मुस्काना, प्यार, रौब, गुब्बारे, गुनाह इत्यादि।

संस्कृत के शब्दों को काट-छाँट कर अथवा उन्हें किंचित् परिवर्तित कर नवीन आशय देने का प्रयास भी भारत जी की भाषा की एक महत्त्वपूर्ण विशेषता है।

"शप्त, जग की तप्त धरती पर झुलसते पैर।"[7]

5.2 प्रतीक

कला जगत् में सौंदर्यबोध को मूर्त बनाने तथा संवेदना को आकार देने के लिए प्रतीकों की सृष्टि होती है अर्थात् प्रतीकों के द्वारा कवि, काव्य निबद्ध भावों को मूर्तता और वस्तुमत्ता प्रदान करता है। प्रसाद जी का मत है "सौंदर्यबोध, बिना रूप के हो ही नहीं सकता। सौंदर्य की अनुभूति के साथ ही साथ हम अपने संवेदन को आकार देने के लिए उसका प्रतीक बनाने के लिए बाध्य हैं।"[8] पंत जी ने भी अंतर्जगत् की अव्यक्त भावनाओं के प्रतिबिंबीकरण के लिए प्रतीकों की अनिवार्यता, काव्यात्मक शैली में स्वीकार की है :

"जो अव्यक्त रहा अंतर में,
मुक्त, अगीत रहा ध्वनि स्वर में,
उसे प्रतीकों में बिंबित
रहने दो, रहने दो"[9]

प्रतीक सृष्टि मनुष्य की चिंतन प्रणाली और क्रिया-व्यापार का एक आवश्यक अंग है। स्वानुभूति के जिन अंशों को कवि, अभिव्यक्ति के प्रचलित साँचों में नहीं ढाल पाता, उन्हीं को प्रतीकों द्वारा वह कथनीय और प्रेषणीय बनाता है। साहित्य तथा कला में प्रतीकों का प्रयोग अधिक स्वच्छन्द रूप में होता है और किसी सूक्ष्म भावसत्ता का प्रतिनिधित्व करता है। मनुष्य द्वारा प्रयुक्त होने वाले सबसे महत्त्वपूर्ण प्रतीक शब्द हैं। ध्वन्यात्मकता के पीछे शब्द शक्तियाँ भी कार्य करती हैं। मस्तिष्क के केंद्र से उठकर जो भावनाएँ समाज में व्याप्त हों, समस्त विचारों से जब एकीकरण कर उठती हैं तब वे ही भावनाएँ शब्दों की सीमा में बँधकर उस युग के प्रतीक के रूप में परिवर्तित हो जाती हैं। वे ही शब्द जो एक मानव का विचार दूसरे मानव को स्पष्ट कर देते हैं, उन्हीं की शक्तियाँ जब एक ऐतिहासिक जीवन प्रवाह की अपेक्षा रखते हुए कतिपय संस्कृति और परंपरा के विचार को लेकर अग्रसर होती हैं तो उन्हीं शब्दों की ध्वनि निरन्तर प्रयुक्त होते-होते नियत अर्थ और निश्चित रूप को ग्रहण कर अधिक मुखर हो श्रोताओं के लिए प्रतीक का कार्य कर देती है। काव्यजगत् में इन शब्द प्रतीकों का विशेष महत्त्व है क्योंकि ये प्रायः व्युत्पन्न प्रतीक होते हैं और इनका उद्‌भव शब्द बिंबों से होता है।

काव्य में सूक्ष्म सौंदर्य या उसकी अनुभूति करने में प्रतीकों का अवतरण अनिवार्य है। प्रतीक मानव की रहस्यवृत्ति का पोषक है। प्रसाद ने इसे स्वीकार किया है कि "प्रतीकों का संबंध कवि की उस रहस्यानुभूति से है जो युग के अनुकूल अपने लिए विभिन्न आधार चुना करती है।"[10] प्रतीक में एक ही साथ गोपन और प्रकाशन की क्षमता रहती है क्योंकि काव्यजगत् में प्रतीकों का लक्ष्य कभी भी अभिप्रेत वस्तु

को यथावत् रखना अथवा उनका पुनः प्रत्यक्षीकरण नहीं होता। प्रतीक की विशेषता उसकी अर्थस्फुटता किंतु अर्थ-प्रचुरता में सन्निहित है।

(अ) **प्रतीक : मनोवैज्ञानिक प्रतिपत्ति :** वस्तुतः हमारे विचार और शब्द मूल रूप से प्रतीक ही हैं। विशुद्ध या कोशीय अर्थों में शब्दों की स्वायत्त कल्पना ही असंभव है, क्योंकि प्रत्येक शब्द प्रयुक्त होते ही पूर्वपरता, परम्परा, विशिष्ट भाव-संवेदना और नवीन उद्‌बोधनों का एक बृहद् संसार सामने लाता है। पूर्व संदर्भों या पूर्वानुभूत संवेदनाओं को उभारकर वह तात्कालिक अनुभूतियों या संवेदनाओं को अपरिसीम गंभीरता और मार्मिकता प्रदान करता है। मनोविज्ञान की दृष्टि से प्रतीक की निम्नलिखित विशेषताएँ हैं :

(1) प्रतीक अवचेतन में पड़े हुए भावों अथवा विकारों को अभिव्यक्त करता है।
(2) निश्चित धारणाओं अथवा विचारों की अभिव्यक्ति के लिए प्रतीक प्रयुक्त होते हैं।
(3) प्रतीक मनुष्य की वैयक्तिक परिस्थितियों से अनिवार्य रूप से संबद्ध होते हैं।
(4) प्रतीक और विचार के बीच आनुपातिक समता अथवा विषमता का संबंध है।
(5) प्रतीक के रूप में वस्तु का आकर्षण बढ़ जाता है, क्योंकि प्रतीक का मनुष्य की रहस्यात्मक वृत्ति से संबंध है।
(6) प्रतीक वंशानुगत वासना की दीर्घ परंपरा को सूचित करता है।
(7) प्रतीक चिरपरिचित आरोपन का आधार होता है।
(8) प्रतीक का 'मिथ' का धर्म और संस्कृति के क्षेत्र में समान महत्त्व है।
(9) 'संकेत' और 'संकेतित' के बीच अंतर्निहित अनुबंध या साहचर्य प्रतीक ही है।

साहित्य में विशेषकर कविता में सूक्ष्म सौंदर्य या उसकी अनुभूतियों को व्यक्त करने में प्रतीकों का अवतरण आवश्यक है। प्रतीक कवि की रहस्यानुभूति से संबद्ध है जो युग के अनुकूल अपने लिए विभिन्न आधार चुना करती है।[11] प्रतीकों में एक ही साथ गोपन और प्रकाशन की क्षमता रहती है, क्योंकि काव्यजगत् में प्रतीकों का लक्ष्य कभी भी अभिप्रेत वस्तु को यथावत् रख देना या उसका पुनः प्रत्यक्षीकरण कर देना नहीं होता। प्रतीक की विशेषता उसकी अर्थस्फुटता किंतु अर्थ प्रचुरता में सन्निहित है। प्रतीक के द्वारा एक से अधिक भावों की अभिव्यक्ति की जाती है। अर्थप्रेषण की दृष्टि से प्रतीक का संबंध शब्द शक्ति की ध्वनि शैली से है। अर्थगत और व्यापारगत संश्लेषणशीलता के कारण प्रतीक एक में अनेक का सम्पोषण करता है।[12] प्रत्येक श्रेष्ठ साहित्यिक कृति में विचार, भाव और संवेदना तीनों मिलकर चेतन

मन की प्रक्रिया का निर्माण करते हैं। श्रेष्ठ रचना की प्रभावोत्पादकता सूक्ष्म अन्तर्ध्वनियों, अन्तःसंदर्भों और रहस्यमय अर्थों पर आधारित होती है, जिनमें अर्थ के साथ लक्षणा और व्यंजना का पूर्ण समारंभ होता है। वह हमारी प्रकृति और हमारे मन के सहस्रविध आलोड़न-विलोड़न का फल है। संक्षेप में प्रतीक, साहित्य में अर्थविपुलता के लिए उपयोगी है "जिस प्रकार मधु का एक बिंदु सहस्रों पुष्पों की सुगंधित एवं मकरंद का संश्लिष्ट रूप है उसी प्रकार एक प्रतीक अनेकानेक मानवजगत् और वस्तुजगत् के कार्य व्यापारों का संकलन है। अतः साहित्य के इतिहास में मंत्र से लेकर आत्मबोध की अनेकानेक भावनाएँ इसी प्रतीक द्वारा उद्‌बुद्ध हुई हैं।"[13]

(ब) प्रतीक, बिंब और अलंकार : काव्यजगत् में प्रतीकों का निर्माण प्रायः उपमा, रूपक और अन्योक्ति के आधार पर होता है। प्रतीक योजना वर्ण्य-वस्तु या प्रस्तुत को नगण्य बनाकर अप्रस्तुत और प्रतीयमान अर्थ को साध्य मानकर चलता है, किंतु इसका यह अर्थ नहीं कि सभी प्रकार का अप्रस्तुत विधान, प्रतीक विधान ही है। इस भ्रांति के प्रति आचार्य शुक्ल ने सावधान किया था—"प्रतीक का आधार सादृश्य या साधर्म्य नहीं, बल्कि भावना जाग्रत करने की निहित शक्ति है, पर अलंकार में उपमान का आधार सादृश्य या साधर्म्य ही माना जाता है। अतः सब उपमान प्रतीक नहीं होते हैं वे काव्य की बहुत अच्छी सिद्धि करते हैं।"[14] किंतु शुक्ल जी के बाद अधिकांश आलोचकों ने प्रतीक और अलंकार प्रणाली को एकमेक कर दिया। उपमा और रूपक में प्रस्तुत और अप्रस्तुत दोनों ही विद्यमान होते हैं जबकि प्रतीक अप्रस्तुत को इस प्रकार प्रस्तुत करता है कि प्रस्तुत वस्तु का प्रच्छन्न बोध हो जाए। अलंकार योजना प्रतीक विधान की अपेक्षा अधिक स्थूल और चाक्षुष होती है, जबकि प्रतीक में अर्थ-गांभीर्य अधिक होता है।

किसी बिंब का बार-बार एक ही अर्थ में प्रयोग उसे प्रतीक की कोटि तक पहुँचा देता है। प्रत्येक युग की कविता में कुछ उत्कृष्ट बिंब प्रतीक बन जाते हैं। बिंबविधान के लिए चित्रात्मकता अनिवार्य शर्त है जबकि प्रतीक किसी विशेष अर्थ के संवाहक होने के कारण उसके लिए चित्रात्मकता आवश्यक नहीं है।

(स) भारतभूषण अग्रवाल के काव्य में प्रतीक योजना : प्रत्येक युग के कवियों का प्रतीक विधान अपना निजी वैशिष्ट्य लिए होता है। वह उस युग की साहित्यिक और सांस्कृतिक परंपराओं का प्रतिनिधित्व करता है। साथ ही कवि की निजी प्रतीक सृष्टि उसकी मनःस्थिति, विचारधारा, रुचि, संस्कार और स्तरीयता की द्योतक होती है। इस प्रकार प्रतीक युगीन वातावरण और कवि की निजी प्रतिभा दोनों का निर्देशन करता है।

भारतभूषण अग्रवाल के काव्य में निम्न प्रकार के प्रतीक परिलक्षित होते हैं :

1. सांस्कृतिक प्रतीक
2. पौराणिक प्रतीक

3. प्राकृतिक प्रतीक
4. प्रकृत प्रतीक
5. सैद्धांतिक प्रतीक
6. सामान्य जीवन के उपकरण प्रतीक रूप में।

(1) **सांस्कृतिक प्रतीक :** सांस्कृतिक प्रतीकों से हमारा तात्पर्य उन प्रतीकों से है जो धर्म, इतिहास, पुराण और साहित्य में से गृहीत किये गये हैं। इनका स्रोत सांस्कृतिक है, किंतु ये प्रतीक आधुनिक भावबोध को रूपायित करने के लिए प्रयुक्त किये गये हैं। यदि नया कवि प्राचीन सांस्कृतिक उपादानों से नवीन भावबोध को वाणी प्रदान करता है तो इससे कवि का प्राचीन सांस्कृतिक प्रेम ही प्रकट होता है। नयी कविता में कवि ने अपनी अभिव्यक्ति में नवीन व परंपरा से प्रयुक्त प्रतीकों का समन्वय भी किया है और उन्हें परंपरा की लीक पीटने के अर्थ में गृहीत न कर विकसित एवं स्वस्थ रूप में ग्रहण किया है। अतः इन प्रयासों से नया कवि परंपरा से संपृक्त होकर भी प्रगति की ओर उन्मुख है।

भारतभूषण अग्रवाल ने सांस्कृतिक प्रतीक अधिकांशतः महाभारत, रामायण और विभिन्न मनोदशाओं की अभिव्यंजना के लिए अनेक प्राचीन साहित्यकारों के आधार पर नियोजित किए हैं। जिनसे नवीन अर्थों की व्यंजना के साथ-साथ प्रतीक योजना की दिशा में नये क्षितिज उद्‌घाटित हुए हैं। यथा :

रात मैंने एक सपना देखा
मैंने देखा
कि मेनका अस्पताल में नर्स हो गई है
और विश्वामित्र ट्यूशन कर रहे हैं
उर्वशी ने डांस स्कूल खोल दिया है
नारद गिटार बजा रहे हैं
गणेश टॉफी खा रहे हैं
और बृहस्पति अंग्रेज़ी से अनुवाद कर रहे हैं।[15]

(2) **पौराणिक प्रतीक :** भारतभूषण अग्रवाल ने पौराणिक प्रतीकों के माध्यम से भी अपनी प्रतिभा का प्रकाशन किया है। कवि ने रामायण व महाभारत के विविध संदर्भों को प्रतीक की दृष्टि से उर्वर पाते हुए अपनी अभिव्यक्ति को संपन्न बनाया है। भारत जी ने 'राम', 'रावण' और 'स्वर्णलंका' को भी प्रतीकार्थ से मंडित किया है। सामाजिक शोषण की समस्या को समाधान के बिंदु पर पहुँचाने के लिए राम-रावण के संदर्भ के आधार पर अभीष्ट को व्यंजित किया गया है।

'राम' प्रतिकारी तथा शोषितों के प्रतिनिधि हैं। 'रावण' और 'स्वर्णलंका' शोषकों और उनके धन-धान्य संपन्न जीवन के प्रतीक बनकर उपस्थित हुए हैं। इन प्रतीकों

के माध्यम से कवि एक ओर तो शोषक व शोषितों के संघर्ष को वाणी प्रदान कर सका है दूसरी ओर शोषण की समाप्ति की ओर भी संकेत किया गया है।[16]

कृष्ण के चरित्र के विचित्र पहलुओं के आधार पर भी प्रतीकों की विनियोजना की गई है। 'सुदामा', 'कृष्ण' और 'रुक्मिणी' के प्रतीकों का प्रयोग भारत जी ने क्रमशः 'प्रेम के इच्छुक व्यक्ति', 'समर्पित व्यक्ति' और 'समर्पण' में संकोच-वृत्ति अपनाने वाली नारी के अर्थ में प्रस्तुत किया है। यथा :

> क्या सुदामा के स्मरण से
> कृष्ण की भी बात तुमको याद आई है ?
> और यदि हाँ
> तो भला फिर आज भी क्या रुक्मिणी काँपी नहीं।[17]

इन प्रतीकों के अभिनव-संदर्भगत प्रयोग ने अभिव्यक्ति में प्राण फूँक दिये हैं। कृष्ण के प्रसंग के आधार पर आधुनिक बोध की व्यंजना की गई है। जिससे प्रतीक योजना बड़ी सुंदर बन पड़ी है, औचित्य के संयोग से प्रतीक और भी अधिक निखर गया है।

(3) **प्राकृतिक प्रतीक :** प्रकृति चिरकाल से ही काव्य प्रेरणा की प्रेरणादात्री बनकर उपस्थित हुई है। प्रायः सभी युगों में प्रकृति से प्रतीक ग्रहण कर काव्य चेतना को उत्कृष्ट बनाने की चेष्टा की गई है। विकसित सुमनों की गंध, झरने, लता-द्रुम और चाँदनी की कमनीय शीतलता आदि सभी कुछ कवियों की संवेदना में गहराई से पैठकर काव्य में अभिव्यक्त हुई है। नया कवि भी प्रकृति के इन विपुल उपकरणों से अछूता नहीं रह सका है। भारतभूषण अग्रवाल के काव्य में द्वीप सरोवर और धारा के प्रतीक निम्नांकित रूप से प्रयुक्त हुए हैं।

> हम नहीं हैं द्वीप जीवन की नदी के
> हम सरोवर हैं
> नहीं हैं धारा[18]

यहाँ द्वीप, सरोवर और धारा क्रमशः व्यक्तिवादी मानव, सामाजिक मानव और आत्मकेंद्रित व्यक्ति के प्रतीक हैं। भारत जी की यह कविता अज्ञेय जी की 'नदी के द्वीप' कविता के विरोध में लिखी गई है। दोनों कविताओं का मूल स्वर तो समष्टिमूलक है, किंतु समष्टि तक पहुँचने के मार्ग भिन्न-भिन्न हैं। अज्ञेय नदी के द्वीप हैं। धारा बनना उन्हें पसंद नहीं है, क्योंकि धारा आत्मकेंद्रित है। भारत जी ने व्यक्ति को द्वीप की अपेक्षा सरोवर के व्यक्तित्व वाला स्वीकार किया है। उनकी दृष्टि में सरोवर जीवन से भरा-पूरा है। सीमाबद्ध होने पर भी उसमें सिंधु की गहराई और मेघ की ऊँचाई है। सरोवर नदी के पुत्र हैं। यद्यपि वे उससे अलग हो गए हैं

किंतु वे उसी के अंश हैं, वंशज हैं।[19]

भारत जी ने चाँदनी को सुख व समृद्धि के प्रतीकार्थ प्रस्तुत किया है।

मैं नहीं हूँ तनिक भी कमज़ोर, कोमल
क्योंकि मेरे दिन नहीं हैं
चाँदनी मेरा करेगी क्या[20]

इसी प्रकार–

चाँदनी की रात
मुझसे दूर हो
मन के इस तिमिर को तुम मत बढ़ाओ
हटाओ वक्ष से यह कोमल हाथ
परस भी मुझको तुम्हारा आज वर्जित है।[21]

यहाँ 'चाँदनी की रात', सुख समृद्धि में भटके अज्ञानी का प्रतीक बनकर उपस्थित हुई है, 'चाँदनी' अर्थात् 'सुख समृद्धि' छलना है। व्यक्ति इसके स्पर्श मात्र से ही सब कुछ भूल जाता है, इसलिए कवि ने 'परस भी मुझको तुम्हारा आज वर्जित है' कहा है।

इसके अतिरिक्त भारत जी ने 'मेढक की टर्राहट' में ऊपर से दृष्टिगत होनेवाली कर्कशता के अतिरिक्त मधुर कोमल प्यार की पुकार अनुभव की है। कर्कशता के आवरण में मानवता और प्रेम की विश्वासमयी भावना है।[22] अग्रवाल जी ने रात्रि को भी घोर निराशा और कुंठाओं के प्रतीक रूप में प्रयुक्त किया है।

(4) प्रकृत प्रतीक : प्रकृत प्रतीक से हमारा तात्पर्य उन प्रतीकों से है, जिनका उपयोग नयी कविता में अतृप्त वासना व दमित कुंठाओं की अभिव्यक्ति के लिए किया गया है। इन्हें यौन प्रतीकों की संज्ञा भी दी जा सकती है। ये यौन प्रतीक प्रायः प्रकृति के उपादानों से गृहीत किये गये हैं और अन्य उपकरणों का भी उपयोग किया गया है। अज्ञेय ने यौन प्रतीकों के प्रयोग समर्थन के विषय में कहा है, ''आज के मानव का मन यौन परिकल्पनाओं से लदा हुआ है और ये कल्पनाएँ सब दमित और कुंठित हैं।'' भारतभूषण अग्रवाल के काव्य में प्रकृति के प्रतीकों द्वारा (यौन) भावनाओं को अभिव्यक्ति प्रदान की गई है। उनकी कविता के 'बिजली', 'मेघ', 'नीर', इसी कोटि के अंतर्गत आते हैं। 'बिजली' और 'मेघ' कामासक्त प्रेमियों के प्रतीक हैं और 'नीर' वासना की प्यास का प्रतीक है। भारत जी ने इन प्रतीकों के माध्यम से काम भावनाओं और वर्जनाओं को सांकेतिक भाषा में अभिव्यक्ति प्रदान की है। ये वे प्रतीक हैं जो काम भावनाओं, दमित इच्छाओं और तृप्ति की पूर्ति की सूचना देते हैं।

विकल बिखरी बाँह के लघुपाश में
बाँध के 'बिजली' को कहा यों 'मेघ' से।
सोख लो यह 'नीर'
मुझको मुक्ति दो
समा जाओ प्राण के आकाश में[23]

मेघ प्रेमी है और बिजली प्रणयिनी, जो मेघ की बाँहों में आबद्ध होकर संपूर्ण 'नीर' लुटाने के लिए तत्पर है। इसी प्रकार भारत जी की एक पंक्ति और भी है–

'मार बिजली को कटारी, मर गये बादल'[24]

(5) **सैद्धांतिक अथवा वैज्ञानिक प्रतीक :** भारतभूषण अग्रवाल के काव्य में सैद्धांतिक प्रतीकों का विनियोजन भी सुंदर रूप से हुआ है। इस युग के काव्य में विस्तृत परिधि में विज्ञान, गणित, ज्यामिति और टैक्नोलॉजी आदि विषयों का समावेश हो गया है। इससे कवि की चेतना में आकर विज्ञान जैसे नीरस और विश्लेषण प्रधान विषय भी काव्योपयोगी बन गये हैं, जिससे अभिव्यंजना के नये द्वार खुले हैं। वर्तमान जीवन में विज्ञान के बढ़ते हुए चरण ने मानव के लिए नित नवीन आवश्यकताओं का द्वार खोल दिया है। भारतभूषण अग्रवाल भी इसकी उपेक्षा तो कर नहीं सके हैं इसके विपरीत बौद्धिक और मौलिक चेतना से युक्त होने के कारण उनमें इसके प्रति ललक ही स्पष्ट लक्षित होती है। उनकी कविता 'विलायती स्पंज' में मध्यमवर्गीय बुद्धिजीवी वर्ग को चित्रित करने का प्रयास हुआ है। 'विलायती स्पंज' मध्यमवर्गीय बुद्धिजीवी कवि का प्रतीक है। उसमें न तो रस है, न मांस-मज्जा है, वह बाहर के जीवन को सोख कर फिर बाहर ही उगल देता है वह भी तब जब कोई आकर उसे निचोड़ता है। वह शक्तिहीन है और गतिहीन भी है, किंतु उसके उपयोग को विस्मृत नहीं किया जा सकता। आज के बुद्धिजीवी मध्यमवर्गीय कवि की यह विशेषता है :

मैं निरा विलायती स्पंज हूँ
मेरे प्राण रिक्त और छिद्रमय
उनमें कहाँ है रस,
उनमें कहाँ है स्रोत ?
मैं तो मात्र बाहर के जीवन को सोखकर फिर उगल देता हूँ
सो भी जब कोई आकर निचोड़े मुझे
× × ×
तप और साधना से कोसों दूर
अपनी बनावट में मजबूर

मैं मशीन युग का हूँ मात्र एक छोटा यंत्र
योग नहीं, हो तो उपयोग भले मेरा हो[25]

मध्यमवर्गीय बुद्धिजीवी प्राणी के लिए 'विलायती स्पंज' का प्रतीक बड़ा सटीक है। इन दोनों में गुण और प्रभाव सादृश्य है। फिर भी यह गुण प्रतीक ही है।

(6) सामान्य जीवन के उपकरण प्रतीक रूप में : भारतभूषण अग्रवाल जी ने वैषम्य के मध्य जीने का अभ्यास और उपक्रम किया है इसलिए उनका संबंध सामान्य जीवन के यथार्थ से ही अधिक रहा है। अतः उनकी रचनाओं में भी सामान्य जीवन के उपकरण प्रतीक रूप में सहज भाव से समाहित हो गये हैं। भारतभूषण अग्रवाल के काव्य में नाग, बीन और मदारी क्रमशः मजदूर, पूँजी और पूँजीपति के रूप में प्रस्तुत हुए हैं। यथा :

शक्ति जिसकी व्यर्थ है वह नाग
राग जिसका व्यर्थ है वह बीन
दोनों उपकरण हैं व्यर्थता के उस तमाशे के
जो मदारी के लिए आजीविका है, लाभ हो।[26]

भारत जी ने निराश प्रेमी के मन की बात कटार के प्रतीक के माध्यम से प्रस्तुत की है :

धार है कटार में
तीखी और तेज़
मेरी छाती पर बरसों टिकी रही है जिसकी नोक
और मैं जीता चला आया हूँ
प्रतिपल, संत्रस्त, भयभीत, निस्सहाय।[27]

जिन नवीन आयामों की दिशा में भारत जी ने प्रवेश किया उनकी विशिष्ट उपलब्धि ही मानी जानी चाहिए।

5.3 बिंब-विधान

बिंब दर्पण में पड़ती हुई उस छाया के समान है जिसमें हम अपने चेहरे की रेखाओं से अधिक उससे परे किसी सत्य के आंतरिक भाव को देखते हैं। बिंब निर्माण की प्रक्रिया भावावेशपूर्ण क्षण की लगभग अर्धचेतन अवस्था में संपन्न होनेवाली प्रक्रिया है जिसकी पुनरावृत्ति जीवन में असंबद्ध होती है, जो कवि के स्वयं प्रकाश्य ज्ञान की स्थिति है और दार्शनिक शब्दावली में जो 'क्रिया संतति व्यापार' है।[28]

बिंब केवल वस्तु का चित्र या प्रतिबिंब ही नहीं प्रस्तुत करता, अपितु यह कवि की किसी विशेष मनोदशा और दृष्टिकोण को भी सूचित करता है। काव्यगत

बिंब स्वयं मानव मन का ही दूसरा नाम है जो प्रत्येक चेतन अथवा अचेतन वस्तु के साथ अपने संबंध की घोषणा करता है। काव्यगत बिंब ऐन्द्रिक गुणों से अनिवार्य रूप से समन्वित और मानवीय अनुभूतियों से युक्त, निर्जीव पदार्थों में भी आत्मा का दर्शन कराने वाला शब्दशाली शब्द चित्र है। कवि प्रतिभा की सच्ची कसौटी उसके काव्यगत बिंबों की शक्ति और नवीनता है।

सामान्यतः बिंब शब्द का प्रयोग छाया, प्रतिच्छाया, अनुकृति आदि के रूप में होता है। 'बिंब' को किसी वस्तु की छाया, अनुकृति, सादृश्यता अथवा समानता माना गया है।[29] बिंब का अर्थ स्पष्ट करने के लिए वास्तव में 'इमेज' के ही शब्दार्थ की व्याख्या अपेक्षित है क्योंकि वस्तुतः संदर्भ में 'बिंब' स्वतंत्र या मौलिक शब्द न होकर 'इमेज' का हिंदी रूपांतर है। अंग्रेज़ी के प्रामाणिक कोशों के अनुसार 'इमेज' का अर्थ है किसी पदार्थ का मनश्चित्र या मानसी प्रतिकृति[30] कल्पना अथवा स्मृति में उपस्थित चित्र अथवा प्रतिकृति जिसका चाक्षुष होना अनिवार्य नहीं है।[31] किसी व्यक्ति या पदार्थ की प्रतिकृति मूर्त और दृष्ट प्रत्यंकन[32] एक पदार्थ के लिए किसी ऐसे मूर्त अथवा अमूर्त पदार्थ का प्रयोग जो उसके अत्यधिक समान हो अथवा उसे व्यंजित करता हो जैसे मृत्यु के लिए निद्रा का प्रयोग[33] मनोविज्ञान में 'इमेज' से अभिप्राय किसी ऐसे प्रत्यक्ष अनुभव की स्मृति से है जिसका परवर्ती अनुभव के द्वारा रूपांतर हो जाता है और जिसमें अंतर्मनोवैज्ञानिक अथवा बाह्यमनोवैज्ञानिक उद्दीपन द्वारा उद्बुद्ध बौद्धिक एवं रागात्मक तत्त्व अंतर्भुक्त होते हैं।[34]

'इमेज' से अभिप्राय है ऐसी सचेत स्मृति जो मूल उद्दीपन की अनुपस्थिति में किसी अतीत अनुभव का समग्र अथवा अंश रूप में पुनरुत्पादन करती है।[35] 'इमेज' का हिंदी (संस्कृत) रूपांतर है बिंब, जिसका शब्दार्थ है प्रतिच्छवि, प्रतिच्छाया, प्रतिबिंबित अथवा प्रत्यंकित रूप चित्र।[36]

काव्य के संदर्भ में बिंब का प्रयोग प्रायः मूल अर्थ में ही होता है अर्थात् काव्य बिंब के पारिभाषिक प्रयोग में बिंब (इमेज) का मूल अर्थ प्रायः सुरक्षित रहता है। पश्चिम के आलोचकों ने काव्य बिंब को अपने दृष्टिकोण के अनुसार अनेक परिभाषाओं में प्रस्तुत किया है।

काव्य बिंब एक प्रकार का भावगर्भित शब्द चित्र है।[37] बिंब ऐंद्रिय माध्यम द्वारा आध्यात्मिक अथवा बौद्धिक सत्यों तक पहुँचने का मार्ग है,[38] बिंब किसी अमूर्त विचार अथवा भावना की पुनः निर्मिति है,[39] बिंब पदार्थों के आंतरिक सादृश्य की अभिव्यक्ति है।[40]

वस्तुतः काव्य का बिंब से इतना घनिष्ठ संबंध है कि उससे रहित प्राणवान् काव्य की कल्पना ही नहीं की जा सकती।[41] वर्तमान समय में बिंब निर्माण को ही काव्य की प्रमुख विशेषता के रूप में स्वीकार किया गया है।[42] बिंबों के संबंध में एज़रा पाउण्ड का कथन है कि बड़े-बड़े भारी-भरकम अनेकानेक ग्रंथों की अपेक्षा

जीवन भर में मात्र एक सफल बिंब का निर्माण अधिक मूल्यवान् है।[43]

नयी कविता में कवियों ने बिंबों का प्रयोग बहुलता से किया है। भारतभूषण अग्रवाल भी बिंबों के प्रयोग से अछूते नहीं रह सके हैं। प्रतीकों की भाँति बिंबों को भी कई प्रकार से वर्गीकृत किया जा सकता है। अतएव भारतभूषण अग्रवाल के काव्य में बिंब-योजना को वर्ण्य-विषयों के आधार पर निम्नांकित वर्गों में विभाजित किया जा सकता है :

(1) प्रकृति बिंब
(2) पौराणिक अथवा सांस्कृतिक बिंब
(3) कलात्मक बिंब
(4) वैज्ञानिक या यांत्रिक बिंब

(1) प्रकृति बिंब : साहित्य के विशाल प्रांगण में प्रकृति का महत्त्व अक्षुण्ण है। कवि ने काव्य चेतना को उत्कर्ष रूप प्रदान करने के लिए प्रकृति से प्रतीक तो ग्रहण किये ही हैं। साथ ही प्रकृति की विभिन्नवर्णी भाव-भंगिमाओं में भी गहरे उतरकर प्रकृति के सुंदर बिंब भी प्रस्तुत किये हैं। भोर के वातावरण की भावाभिव्यक्ति का यह रूप कितना सुंदर बन पड़ा है।

फूटा प्रभात, फूटा विहान,
छूटे दिनकर के शर ज्यों छवि के वह्नि-बाण
(केशर-फूलों के प्रखर बाण)
आलोकित जिनसे धरा
प्रस्फुटित पुष्पों के प्रज्वलित दीप,
लौ-भरे सीप।[44]

× × ×

दृश्यों का व्यापक स्वरूप भारत जी की इन पंक्तियों में भी दृष्टिगोचर होता है।

फूटी किरणें ज्यों वह्नि-बाण, ज्यों ज्योति शल्य
तरु-वन में जिनसे लगी आग।
लहरों के गीले गाल, चमकते ज्यों प्रवाल,
अनुराग लाल।[45]

(2) पौराणिक बिंब : पौराणिक प्रतीकों की भाँति भारत जी ने संस्कृति एवं पौराणिकता का आधार बिंब विधान के अंतर्गत भी लिया है। भारत जी ने पौराणिक बिंबों की उत्कृष्टता का उपयोग जीवन की संघर्षमयता और विभीषिका को अभिव्यक्ति प्रदान करने में किया है।

घृणा की पोटली दाबे बगल में
सकुचता, सहमा
तुम्हारे स्नेह को लकुटी बनाकर
जब चला था
तब हृदय में, यदि कहूँ, विश्वास था
तो झूठ होगा,
किंतु, इच्छा थी कि हो अंतिम परीक्षा
प्रिय, तुम्हारे दान, मेरे विनय की।[46]

भारत जी ने पौराणिक बिंबों का प्रयोग सत् और असत्, कुंठित और स्वस्थ सभी भावनाओं के निमित्त किया है। प्रस्तुत पंक्तियों में भारत जी ने अपनी कुंठा को बिंब द्वारा सशक्त अभिव्यक्ति प्रदान की है।

सूनी अँधेरी यह हृदय की गुहा
बंद, चारों ओर चट्टानें उठीं, संस्कार-सी
भाव मन में कुलबुलाते जीव
ज्योति और वातहीन क्षुद्र परिधि में
रेंगते ज्यों गिलगिले अंधे, मिट्टी खोर केंचुए।[47]

(3) **कलात्मक बिंब :** भारतभूषण अग्रवाल जी ने अपनी रचनाओं में कलात्मक बिंबों के संदर्भों का भी प्रयोग किया है। शिल्प के प्रति विशिष्ट आग्रह न होने के उपरांत भी भारत जी की रचनाओं में कलात्मक बिंब अधिक सार्थक न होते हुए भी आकर्षक तो है ही। उदाहरण के लिए भारत जी की पंक्तियाँ इस प्रकार के बिंब का सशक्त स्वरूप उपस्थित करती हैं।

रेत का महल
कोरी कल्पना है।
इसलिए...
कोरी कल्पना की कला
रेत का महल है।[48]

कलात्मक बिंबों का आग्रह नये कवि की प्रवृत्ति की विशेषता है। किंतु आग्रह होने से इन बिंबों की सहज सरूपता नष्ट हो गई है और अर्थमयता के अभाव में ये कागज के फूलों के समान बाह्य आकर्षण से पूर्ण किंतु आभ्यंतरिक अर्थ और भावबोध से शून्य होकर केवल प्रदर्शन की वस्तु बन कर रह गये हैं।

और फिर
उनके अमर उत्सर्ग का प्रतिपदान बनकर
दीखने लग गयी हीरों से जड़ी वह चाँद की कुर्सी।
अचानक भर गया सब शून्य
तारों की रुपहली गद्दियों से
चमक जिनकी ढाल जग पर मोह का रजतावरण
अब करेगी राज सारी रात।[49]

(4) **वैज्ञानिक अथवा यांत्रिक बिंब :** नयी कविता का विकास वैज्ञानिक परिवेश के अंतर्गत हुआ है। अतः नये कवि पर वैज्ञानिक और यांत्रिक युग की पूर्ण छाया दिखाई देती है। भारतभूषण अग्रवाल की रचनाओं में भी हमें यांत्रिक और वैज्ञानिक बिंबों का प्रयोग प्रचुर मात्रा में दृष्टिगोचर होता है। वैज्ञानिक उपकरणों की सार्थक बिंबात्मक अभिव्यक्ति ने भारत जी की कविता के कलेवर को एक वैशिष्ट्य प्रदान किया है। यथा :

कैमरे के लैंस सी हैं आँखें बुझी हुई
बिगड़े कमबख्त लाउडस्पीकर से
जिनके मुख निःशब्द खुले हैं।
रिपटों में ठुकी हुई निश्चल उँगलियाँ हैं
दाँतेदार पहिये सा दिल घूम जाता है।[50]

बिंब-विधान के अंतर्गत एक बात स्पष्ट कर लेनी आवश्यक है, वह यह है कि उपर्युक्त वर्गीकृत किसी भी बिंब की विवेचना केवल एक उसी वर्ग में नहीं आती, जिसके अंतर्गत उसकी विवेचना हुई है किंतु यह प्रयत्न अवश्य किया गया है कि प्रस्तुत बिंबों में अधिक से अधिक स्पष्ट विभाजक रेखा खींची जा सके अतः संक्षेप में कहा जा सकता है कि भारतभूषण अग्रवाल की कविता की कई बिंब कोटियाँ हैं जिनका प्रयोग उनके काव्य में उत्कृष्ट रूप से हुआ है।

5.4 उपमान योजना

काव्य रूपी रमणी के सौंदर्य को सुशोभित करनेवाले उपकरण अलंकार हैं। कवि की वस्तु अपनी आवश्यकता के अनुरूप भाषा, छंद और अप्रस्तुत विधान का साँचा स्वयं तैयार करती है। यदि भाषा, छंद और सादृश्य योजना की अनिवार्य संगति कवि के कथ्य के साथ नहीं है तो कवि का अभीप्सित प्रभाव संदिग्ध हो जाता है। अतः कथ्य के साथ शिल्प सौंदर्य की अनिवार्यता भी स्वीकार की गई है। अप्पय दीक्षित ने उपमा की महत्ता प्रतिपादित करते हुए कहा है :

उपमेषा शैलूषी सम्प्राप्ता चित्र धूमिकावेदात्
रंजयति काव्यरंग नृत्यंती तद्विदा चेतः।[51]

अर्थात् काव्यरूपी नृत्यशाला में उपमा रूपी नटी चित्र धूमिका के भेद से अनेक रंग-रूपों में आकर नाचती हुई काव्य-मर्मज्ञों का मनोरंजन करती है। राजशेखर ने उपमानों की विशिष्टता और व्यापकता पर प्रकाश डालते हुए कहा है कि उपमान अलंकारों की मुकुटमणि है, काव्य संपत्ति के सर्वस्व है और इतना ही नहीं वे तो कवि वंश की माता के समान है।[52] अतः वर्ण्य-विषय में प्रेषणीयता उत्पन्न करने में उपमानों का महत्त्व अक्षुण्ण है। प्रतिभासंपन्न कवि की पहचान यही है कि वह अप्रस्तुत सफल योजना करके प्रस्तुत भाव अथवा उपमेय को स्पष्टता और रसात्मकता प्रदान करे। वस्तुतः उपमान योजना काव्य का प्राण तत्त्व है। इससे काव्य में रसार्द्रता, प्रभविष्णुता, प्रेषणीयता और मर्मस्पर्शिता का संचार होता है। अप्रस्तुत योजना से प्रकट रूप में संयोजित कविता पाठक एवं श्रोता को काव्यानंद प्रदान करने में समर्थ होती है।

किसी भी युग की कविता का शिल्पगत वैशिष्ट्य हमें उस युग के कथ्य और संवेदना का परिचय कराने में विशेष सहायता प्रदान करता है। द्विवेदी युगीन काव्य में जो शुष्कता और अलंकार शून्यता दृष्टिगोचर होती है वह उन कवियों की शुद्धतावादी भावना का प्रतिफलन है। डॉ. नामवरसिंह ने इसी तथ्य की ओर इंगित करते हुए लिखा है कि "द्विवेदी युग की कविता का रूप विन्यास आर्यसमाजी सौंदर्य भावना से पूरित था इसलिए वह कविता आर्यसमाज के उपदेशकों की तरह अपने वेशविन्यास से एकदम सादी थी, उसमें राग-रंग की वस्तुओं का सर्वथा बहिष्कार था। अपने को सजा कर मोहक बनाने की जगह केवल जरूरत की चीज़ों से ही काम लेने की प्रवृत्ति थी। उपमाएँ बहुत कम और भरसक पूर्व परिचित ही रखी गईं।[53] किंतु इसके सर्वथा विपरीत छायावादी काव्य में भावनाओं की स्फीति है। उसका आदर्श सादगी नहीं अपितु सौंदर्य है अतः जहाँ एक उपमा से काम चल सकता है वहाँ दस उपमाएँ उँड़ेल दीं और वे भी एक से एक अनूठी।"[54]

बुद्धि के प्रति अतिशय आग्रह होने के फलस्वरूप नयी कविता जीवन के यथार्थ की कविता है। आज तक जो विषय काव्य के लिए अनुपयोगी और निरर्थक माने जाते थे, नयी कविता में कथ्य एवं शिल्प के क्षेत्र में उन विषयों को भी स्थान दिया गया है। अतः नयी कविता में अप्रस्तुतों का चयन भी यथार्थवादी पद्धति पर सामान्य जीवन से किया गया है।

उपमानों का प्रयोग, रचना की गहनतम अनुभूति को उद्भासित करने के लिए होता है। वास्तव में उपमान कवि की गहन संवेदना-काल की अभिव्यक्ति का परिणाम होते हैं अतः श्रेष्ठ काव्य रचना के लिए उपमानों की अपेक्षा नहीं की जा सकती।

भारतभूषण अग्रवाल के काव्य में प्रतीकों और बिंबों की ही भाँति उपमान-योजना

भी हम पाते हैं। ये उपमान प्रकृति, पुराण, विज्ञान और जीवन के सामान्य क्रिया-कलापों से प्रणीत हैं, साथ ही कुछ में अत्यधिक कलात्मकता की अभिव्यक्ति भी हुई है। अग्रवाल जी ने उन सभी स्थितियों को जिया है और भावनाशील क्षण में उन्होंने सभी प्रकार के कुछ उपमान प्रस्तुत किये हैं।

1. प्राकृतिक उपमान : चिरकाल से ही प्रकृति और काव्य का घनिष्ठ संबंध है। भारत जी ने भी अपनी कविता कामिनी का शृंगार, भावोद्दीपन और अभिव्यंजना प्रदान करने के हेतु प्रकृति के अनेक उपकरणों से ग्रहण किया है। भारत जी ने 'अंतर्मुखी' शीर्षक कविताओं में आशाओं और अभिलाषाओं के लिए जो उपमान प्रस्तुत किये हैं, वे प्राकृतिक और मूर्त हैं। मन में अभिलाषाएँ इस प्रकार गुँथी हुई हैं, जैसे चट्टानें परस्पर अनुस्यूत होती हैं। उनके पर्त पर पर्त एकत्र हो गए हैं यथा :

केले के पत्तों से
मन पर आशाओं, अभिलाषाओं के ये पर्त—
पर्त पर पर्त
व्यूह से
कारा से
चट्टानों से[55]

केले के पत्ते में जैसे अनेक पत्ते होते हैं और खोलने पर एक के बाद एक खुलता जाता है वैसे ही मन में अभिलाषाओं के पर्त पर पर्त जम गये हैं। इतना ही नहीं वे पर्त व्यूह की भाँति उलझे, कारा की भाँति मन में आबद्ध और चट्टानों से परस्पर गुँथे हुए हैं। कवि ने आशा और अभिलाषा के निमित्त उपमानों की माला जुटाई है। अमूर्त भावों के लिए लाये गये ये सभी उपमान मूर्त हैं। बंधन और आत्मवंचना भी अमूर्त भाव हैं, किंतु इनकी अतिशयता और विस्तृति दिखाने के लिए मरूँ से विस्तृत प्रसार का उपमान प्रस्तुत किया गया है।[56] इसी प्रकार कवि ने परिवेशगत घात-प्रतिघातों व रूढ़ियों को बर्फ की कड़ी पर्त सदृश उपस्थित किया है :

सघन बर्फ की कड़ी पर्त सी
एक एक कर अमित रूढ़ियाँ
सदियों से जमती आती हैं
तह पर तह—
मानव जीवन पर।[57]

भारत जी ने परंपरागत उपमानों का प्रयोग भी किया है। इन परंपरागत उपमानों को किंचित् परिवर्तन के साथ उपस्थित किया गया है। यथा :

किंतु आयु भर के अनुभवसिद्ध अनुभव से
चेहरा यह फूल-सा केवल मुस्कराता है।[58]

भारत जी ने चेहरे को फूल-सा मुस्कराता हुआ बताकर किंचित् परिवर्तन की ही सूचना दी है। मुख की प्रफुल्लता के लिए कमल और गुलाब के उपमान तो चिर-परिचित हैं किंतु यहाँ कवि ने परिवर्तन का आधार लेकर चेहरे को फूल-सा ही बता दिया है।

2. पौराणिक उपमान : भारतभूषण अग्रवाल ने आधुनिक युग के परिवेश में अपने काव्य संसार का निर्माण किया है, किंतु वे पौराणिक संसार को भी विस्मृत नहीं कर सके हैं। वस्तुतः पौराणिक संसार से हमारा रागात्मक संबंध है। अनेक पात्र, घटनाएँ, स्थितियाँ और संदर्भ जो चिरकाल से कवि के मानस को प्रभावित करते आये हैं, वे भारत जी की कविता में सादृश्य के लिए व्यवहृत हुए हैं, किंतु भारत जी ने उनका उपयोग आधुनिक मूल्य की व्याख्या अथवा प्राचीन मूल्य की पुनर्व्याख्या या प्राचीन मूल्यों की अनुपयोगिता को रेखांकित करने के लिए किया है।

प्रस्तुत पंक्तियों में भारत जी ने शापित और पीड़ित समाज को यक्ष से उपमित किया है। उनकी मान्यता है कि आज सारा लोक यक्ष की भाँति त्रस्त होकर रो रहा है। कारण यह है कि संपूर्ण समाज में पीड़ा और भोग बलवान् हो गया है, जिससे व्यक्ति अपने आप ही शापित और निर्वासित हो गया है :

रो रहा है आज सारा लोक बनकर यक्ष
शापित, त्रस्त, निर्वासित
कौन बनकर दूत पहुँचाये संदेशा
शांति की अलकापुरी को।[59]

इसी प्रकार 'दो मुट्ठी चावल' शीर्षक कविता में जो चित्र प्रस्तुत किया गया है उसमें सुदामा और कृष्ण मिलन के प्रसंग को उपमान रूप में प्रस्तुत किया गया है।[60]

3. वैज्ञानिक उपमान : वर्तमान जीवन में वैज्ञानिक एवं तकनीकी उपकरण हमारे सामान्य जीवन के अनिवार्य अंग बन गये हैं फलतः वैज्ञानिक उपकरणों का अथवा वैज्ञानिकता का प्रभाव कवि हृदय पर पड़ना भी असंगत नहीं है। भारतभूषण अग्रवाल ने बहुत से उपमानों के लिए उन बहुतेरे उपकरणों का चयन किया है जो वैज्ञानिक सभ्यता के फलस्वरूप हमारे जीवन में एकरस हो गए हैं। इन वैज्ञानिक उपकरणों को उपमानत्व प्रदान करने में वे पूर्ण रूप से सफल भी हुए हैं। जुलूस के व्यक्तियों की आँखों, मुखों, उँगलियों, हृदय, चेहरे और पैरों के लिए लाये गये उपमान कितने सार्थक हैं।

कैमरे के लैंस सी हैं आँखें बुझी हुई
बिगड़े कमबख्त लाउडस्पीकर से
जिनके मुख निःशब्द खुले हैं
रिपटों सी ठुकी हुई निश्चल उँगलियाँ हैं,
दाँतेदार पहिये-सा दिल घूम जाता है
वार्निश-से पुते हुए चेहरों पर
'रेडियो ऐक्टिव' धूल की पर्तें जमी बैठी हैं।
टाइपराइटर की 'की' की तरह
सबके पैर बारी-बारी उठते हैं।[61]

4. सामान्य जीवन से गृहीत उपमान : नयी कविता का क्षेत्र सामान्य जीवनानुभवों का विस्तृत प्रांगण है। नये कवि के हृदय में सर्वग्रहण की सी मनोभावना का निवास है जिसके फलस्वरूप नयी कविता में न केवल प्रचलित उपमानों का तिरस्कार हुआ है, वरन् उन्हें नवीन रूपों में रखकर काव्य में विशिष्ट सौंदर्य लाने का प्रयास भी किया गया है। सामान्य जीवन में जिन वस्तुओं से हमारा वास्ता पड़ता है वे हमारे मन पर वांछित प्रभाव उत्पन्न करने में अधिक समर्थ होती हैं। अतः भारत जी ने दैनिक जीवन में प्रयोग आनेवाली वस्तुओं को भी उपमानत्व प्रदान किया है।

मार बिजली की कटारी
मर गये बादल
टपकते खून से धरती नहायी
रंग गया लोहित क्षितिज का आसमान।[62]

उपर्युक्त पंक्तियों में कवि ने बादलों के भीतर निहित बिजली का कटारी मारकर आसमान को लोहित कर देना, जीवन के सामान्य क्रियाकलाप के शब्द हैं, किंतु प्रयोग की विशिष्टता ने इन्हें कविता में रागात्मक तत्त्वों के साथ संयोजित किया है।

उपर्युक्त व्यावहारिक वर्गीकरण के अतिरिक्त उपमानों का शास्त्रीय वर्गीकरण भी भारतभूषण अग्रवाल के काव्य में विनियोजित किया गया है। शास्त्रीय वर्गीकरण के आधार पर उपमानों का प्रयोग चार प्रकार से होता है।

(1) मूर्त के साथ मूर्त वस्तु की उपमा
(2) मूर्त के साथ अमूर्त की उपमा
(3) अमूर्त के साथ मूर्त की उपमा
(4) अमूर्त के साथ अमूर्त की उपमा

1. मूर्त के साथ मूर्त वस्तु की उपमा : मूर्त वस्तु के लिए मूर्त अप्रस्तुत अथवा उपमा को प्रस्तुत करना प्रतिभासंपन्न कवि का कार्य है। कल्पना के अभाव में भी

इस प्रकार का अप्रस्तुत विधान हो सकता है। किंतु प्रतिभाशाली और भावप्रवण कवि के द्वारा प्रस्तुत अप्रस्तुत विधान काव्य को विशेष प्रकार से चमत्कृत कर देता है। भारत जी में अभिनव क्षेत्रों से नये-नये मूर्त अप्रस्तुतों का चयन करने की और उन्हें मूर्त प्रस्तुत के लिए कलात्मक ढंग से प्रयुक्त करने की अपूर्व क्षमता विद्यमान है। प्रस्तुत भाव को कवि सौंदर्यात्मक ढंग से प्रेषित करने में पूर्ण रूप से सफल हुआ है।

ज्यों गगन में जग उठा कोई नया तारा
ज्यों जगत में फूट फैली सरस कोई नयी जलधारा
वेग में अपने डुबोती युगों के मरु का किनारा
प्राण। यह तब रूप,
पावक-सा अखंड, सतेज, यह निर्मल तुम्हारा रूप।[63]

कवि ने अपनी प्रेयसी के लिए जो अप्रस्तुत प्रस्तुत किये हैं, वे उसके रूप को प्रत्यक्ष करने में सहायक हैं। प्रेयसी के दीप्त रूप को प्रेषित करने के लिए कवि ने उसे 'गगन में जग उठे नये तारे' से उपमित किया है। उसके रूप की सरसता एवं ताज़गी को व्यंजित करने के लिए कवि ने उसे 'सरस जलधारा' कहा है जो अपने वेग में मरु के किनारों को डुबोती चलती है। इसी प्रकार कवि ने रूप के निर्मल प्रभाव को व्यंजित करने के लिए उसे 'पावक-सा अखंड और सतेज' कहा है।

2. मूर्त के साथ अमूर्त की उपमा : मूर्त के लिए अमूर्त अप्रस्तुत विधान की योजना कुछ कठिन होती है, क्योंकि इस प्रकार के विधान में कल्पना शक्ति अपेक्षित रहती है, यद्यपि उतनी मात्रा में नहीं जितनी कि अमूर्त के लिए अमूर्त विधान की योजना में। भारत जी की प्रस्तुत पंक्तियों में मूर्त के लिए अमूर्त उपमान की योजना सुंदर ढंग से प्रस्तुत की गई है।

सूनी, अँधेरी यह हृदय की गुहा
बंद, चारों ओर चट्टानें उठीं, संस्कार-सी[64]

3. अमूर्त के साथ मूर्त की उपमा : अमूर्त वस्तु के रूप, रंग, गुण के अभाव में भी उसके संपूर्ण भाव को मूर्त अप्रस्तुत विधान द्वारा प्रस्तुत किया जाता है। किंतु इसके लिए कवि मूल संवेदना को हृदयंगम करके ही सफल हो सकता है। भारत जी इस प्रकार के अप्रस्तुत विधान में पूर्ण रूप से सफल हुए हैं, यथा :

मन के तुरंग पर
संकल्प की चाबुक फटकारता
ताबड़तोड़
अनुभव के बीहड़ पथों पर टपाटप दौड़ता ही रहा हूँ।[65]

मेरा उद्‌गार आज
वर्षा बीत जाने पर उतरी हुई बाढ़ की
छोड़ी हुई रेत-सा ही
रूखा, रस हीन है।[66]

4. अमूर्त के साथ अमूर्त की उपमा : नयी कविता में छायावादी कविता-सी कल्पना समृद्धि का अभाव है। किंतु इस कविता में बौद्धिक और वैयक्तिक दृष्टिकोणों के माध्यम से सर्जनात्मक कल्पना नवीन रूप रंग ले सकी है। प्रस्तुत पंक्तियों में उनकी कल्पना शक्ति को परिलक्षित किया जा सकता है :

फूटी किरणें ज्यों वह्निबाण ज्यों ज्योति शल्य
तरु वन में जिनसे लगी आग।
लहरों के गीले गाल चमकते ज्यों प्रवाल,
अनुराग लाल।[67]

मानवीकरण : छायावादी काव्य में मानवीकरण को विशेष अनुराग के साथ अपनाया गया है। नयी कविता में मानवीकरण यद्यपि इतने बाहुल्य के साथ परिलक्षित नहीं होता किंतु कहीं-कहीं विशेष सौंदर्य के साथ मानवीकरण की प्रवृत्ति को विषय-वस्तु की दृष्टि से आगे बढ़ाया गया है। भारत जी द्वारा मसूरी का नारी रूप यहाँ द्रष्टव्य है।

तू सत्य स्वर्ग इस वसुधा पर। तेरे अंचल की छाँह तले
पहले है देव-तुल्य नर-गण। विमलों की पुरी, अये विकले।
कब लाँघ सका यह पापी, काला नर समाज, तेरी दूरी ?
तेरा पथ है अत्यन्त अगम। विरले ही जन जा पाते हैं।[68]

रूपक : भारत जी ने अप्रस्तुत विधान के अंतर्गत रूपकों का सहारा भी लिया है जो सैद्धांतिक दृष्टि से परंपरागत होते हुए भी प्रयोग की दृष्टि से नवीनता लिये हुए हैं। रूपकों का प्रयोग उन्होंने सामाजिक वैषम्य के संदर्भ में किया है। यथा :

सूनी अँधेरी यह हृदय की गुहा
बंद,
चारों ओर चट्टानें उठीं संस्कार-सी।
भाव मन में कुलबुलाते जीव
ज्योति और वातहीन क्षुद्र परिधि में
रेंगते ज्यों गिलगिले अंधे मिट्टीखोर केंचुए।[69]

संस्कार की चट्टानें उठी हुई हैं। मन के भाव मानो कुलबुलाते जीव हैं। इस रूपकात्मक

विधान द्वारा कवि ने मानव तन की क्षुद्रता का बड़ा यथार्थ चित्र प्रस्तुत किया है।

अपह्नुति : इस अलंकार में प्रस्तुत का निषेध कर अप्रस्तुत की स्थापना की जाती है। भारत जी ने इसका प्रयोग भी पर्याप्त मात्रा में किया है।

> टेर नहीं बिजली का बटन है
> दावा और चपरासी बादल चट हाज़िर हो।
> मोर नहीं संकट-ग्रस्त देश का नेता है
> जिसकी पुकार पर 'फौरेन-एड' लिए
> बादल विदेशी राजदूत सा प्रकट हो।[70]

इस प्रकार अलंकरण योजना के अंतर्गत कवि की संवेदनाओं को विशेष सरूपता प्राप्त हुई है। भारत जी द्वारा प्रयुक्त उपमान विभिन्न क्षेत्रों से लिये गए हैं। प्रकृति से आवश्यकतानुसार चयन करते हुए भी भारत जी ने धर्म, पुराण, विज्ञान तथा दैनिक जीवन से भी पर्याप्त मात्रा में उपमान ग्रहण किये हैं। जीवन के विभिन्न पक्षों से उपमानों का सृजन चयन कवि की व्यापक प्रतिभा का परिचायक है। कवि की वैविध्यपूर्ण दृष्टि से उपमानों में नवीनता और प्रभविष्णुता का समावेश स्वतः ही हो गया है।

5.5 छंद-योजना

विभिन्न काव्य युगों की संवेदना में अंतर का प्राथमिक साक्षात्कार प्रायः शिल्पगत माध्यम से होता है। द्विवेदीयुगीन और छायावादी कविता की संवेदना के अंतर ने आलोचकों तथा पाठकों को उतनी जल्दी और उतनी तीव्रता से चमत्कृत नहीं किया जितना भाषा तथा छंद के अंतर ने। छायावादी काव्य के कृति कवि 'निराला' ने मुक्त छंद की प्रतिष्ठा कर हिंदी काव्य के एक सहस्र वर्षों के इतिहास में अभूतपूर्व युगांतर उपस्थित किया था। हिंदी कविता के बाहरी ढाँचे को जैसा आघात 'निराला' के हाथों से झेलना पड़ा वैसा हिंदी के किसी भी अन्य कवि के हाथों से नहीं। 'निराला' ने अपनी सर्वथा अभिनव एवं क्रांतिकारी छंद-योजना द्वारा हिंदी के भावी काव्य का बाह्य स्वरूप मानो बहुत कुछ निर्दिष्ट कर दिया। यदि 'निराला' ने मुक्त छंद की सृष्टि न की होती तो अपनी समस्त नयी संवेदना के होते हुए भी नयी कविता कितनी नयी होती इसका अनुमान लगाना कठिन नहीं है। हिंदी में उत्तर छायावादी काव्य के उपरांत जिस प्रयोगवादी काव्य का निर्माण किया गया वह मुख्यतः शिल्पकार से संबद्ध था। विरोध करने वाले कवियों के सामने सबसे बड़ी समस्या उस समय यही थी कि वे नवीन वस्तु तत्त्व की अभिव्यंजना के लिए ऐसा माध्यम खोज सके जो छायावादी शैली से एकदम अलग हो और पूरी तरह से उस वस्तु तत्त्व के अनुरूप हो। इसी कारण सर्वप्रथम इन (प्रयोगवादी) कवियों का ध्यान रूप प्रकार की ओर

गया और परिणामतः शब्द-योजना, शैली, छंद, उपमानों पर प्रयोग आरंभ हुआ।[71] छंद-योजना के इस प्रयास ने प्राचीन, अप्रचलित छंदों को नवीन जीवन रस प्रदान किया। अतः काव्यशिल्प के संदर्भ में नयी कविता की प्रतिक्रिया छंद विधान को लेकर ही प्रस्तुत हुई। बौद्धिकता के प्रति अतिशय आग्रह होने के फलस्वरूप नये कवि भावनात्मक स्तर पर लयात्मक गतिशीलता को प्रतिष्ठित करते हुए तुकांत रचना करने में असफल सिद्ध हुए हैं, यद्यपि कुछ कवि इसके अपवाद भी रहे हैं। साधारणतया नये कवि में वैचारिकता के आग्रह के कारण पुराने छंद विधान के प्रति उदासीनता ही नहीं, एक सीमा तक उपेक्षा और प्रतिक्रिया की भावना परिलक्षित होती है। और इसी कारण नये कवि ने यह अभिमत प्रस्तुत किया है व नये विचारों को परंपरागत छंद विधान के अंतर्गत अभिव्यक्ति देने से कभी-कभी कथ्य का भाव ही नष्ट हो जाता है। भाषा और छंद में परिवर्तन का मतसमर्थन करते हुए कुँवर नारायण कहते हैं, ''कुछ विषय ऐसे होते हैं जो कविता से एक स्वतंत्र संगठन की माँग करते हैं, जिन्हें कोई बना-बनाया छंद 'रेडीमेड' कपड़ों की तरह नहीं पहनाया जा सकता, बल्कि जिसके लिए भाषा और शब्द को दूसरी तरह से काटना-छाँटना पड़ता है।...छंद जिन्हें कविता का व्याकरण कहना शायद गलत न होगा, कविता के विकास में कुछ उसी तरह टूटते और बनते चलते हैं जैसे भाषा के विकास में व्याकरण।''[72]

अतः नये कवि का छंद विधान से विमुक्त होने का प्रतिक्रियात्मक आशय स्पष्ट हो जाता है। परंपरागत छंद विधान के प्रतिक्रियास्वरूप नये कवि ने मुक्त छंद को विशेष महत्त्व प्रदान किया है। वस्तुतः मुक्त छंद की परंपरा नवीन नहीं है, संस्कृत साहित्य भी इससे अछूता नहीं है। किंतु नये कवि में मुक्त छंद को लेकर विशेष आग्रह परिलक्षित होता है। किंतु इसका यह अर्थ कदापि नहीं है कि नयी कविता में परंपरागत छंदों का सर्वथा अभाव है। वरन् परंपरा से प्राप्त अनेक मात्रिक छंद भी नयी कविता में दृष्टिगोचर होते हैं।

भारतभूषण अग्रवाल के काव्य में छंदों का समुचित उपयोग परिलक्षित होता है। भारत जी के छंद विधान को मुख्य रूप से हम तीन वर्गों में वर्गीकृत कर सकते हैं :

(1) परंपरागत छंद
(2) मिश्रित छंद
(3) नवीन छंद
(4) (अ) मुक्त छंद (ब) विविध प्रभावस्वरूप अपनाये गये छंद।

1. परंपरागत छंद : नयी कविता में परंपरागत छंदों का प्रयोग भी पर्याप्त मात्रा में हुआ है। नये कवि ने मुक्त छंदों को अपनाते हुए परंपरागत छंदों का तिरस्कार नहीं किया। वस्तुतः कवि सामाजिक प्राणी होने के नाते अपने संस्कारों व परंपराओं से अछूता रह नहीं सकता। भारतभूषण अग्रवाल भी इसके अपवाद नहीं हैं, अतः

उनके काव्य में शुद्ध परंपरागत मात्रिक छंदों का प्रयोग भी पर्याप्त मात्रा में परिलक्षित होता है। इन छंदों में भारत जी ने मुख्यतः रजनी, सखी, रोला, रूपमाला का सुंदर प्रयोग किया है।

रजनी छंद : 23 मात्राओं का यह छंद सप्तक की तीन आवृत्तियों और अंत में गुरु की योजना से निर्मित होता है। इस छंद की तीसरी, दसवीं और सत्रहवीं मात्राएँ अनिवार्य रूप से लघु होनी चाहिए। भारतभूषण अग्रवाल ने इसका सर्वाधिक प्रयोग किया है। 'ओ अप्रस्तुत मन' की आरंभिक रचनाओं में इसकी सुंदर योजना हुई है। यथा :

मुस्कराना भी मना है, देश कैसा है ? 7-7-7-2(गुरु)
ढल चला उत्साह, यह अश्लेष कैसा है ? 7-7-7-2(गुरु)
छलक आया जब नयन में, दान जीवन का 7-7-7-2(गुरु)
पूछता संसार यह आवेश कैसा है ? 7-7-7-2(गुरु)[73]

'दो सत्य', 'धुँधली रेख', 'भार मत बनो' कविताओं में भी इस छंद का नियोजन सुंदर रूप से हुआ है।[74]

रोला छंद : रोला 24 मात्राओं का छंद है। प्राचीन नियम के अनुसार इस छंद में 11 मात्राओं पर यति आवश्यक मानी जाती थी[75]—किंतु आज यह आवश्यक नहीं माना जाता है।[76] अतः अब तीन अष्टकों के योग से ही इस छंद की सिद्धि मान ली जाती है। भारत जी के काव्य में यह छंद प्रचुर मात्रा में प्रयुक्त हुआ है। उनकी 'यह पीर नई', 'फिर भय क्या ?', 'बस दो क्षण' और 'ओ बिजली वाले' आदि रचनाओं में इसी छंद की आवृत्ति की गई है। भारत जी के काव्य में इस छंद का प्रयोग दो रूपों में परिलक्षित होता है, प्रथम चतुष्पदीय रोला और द्वितीय षट्पदीय रोला। चतुष्पदीय रोला का सुंदर उदाहरण 'यह पीर नयी' कविता में दृष्टिगोचर होता है :

भाषा अशक्त भावों को व्यक्त न कर पाई 8-8-8 मात्राएँ
वाणी कायर ओठों पर आकर लौट गई
मैं चाह रहा हूँ, किंतु न कह पाता कुछ भी
यह अनुभव बिल्कुल नया, प्राण यह पीर नयी।

अग्रवाल जी की रचनाओं में षट्पदीय रोला के भी उत्कृष्ट उदाहरण दृष्टिगोचर होते हैं जो उन्हें पंत आदि छायावादी कवियों की परंपरा में स्थापित करते हैं :

मन को कब किसने पहचाना ओ रे पागल 8-8-8 मात्राएँ
इन बेगानों के दल में तू भी चलता चल। 8-8-8 मात्राएँ
यदि पा जाए कुछ सिद्ध सफल होगा प्रयास 8-8-8 मात्राएँ

अन्यथा अंत तो होगा ही कुछ और पास। 8-8-8 मात्राएँ
फिर भय क्या तू भी बाँध कमर ले धनुष तान 8-8-8 मात्राएँ
सब अटकल से ही यहाँ लगाते हैं निशान।[77]

सखी छंद : यह 14 मात्राओं का छंद है। सामान्यतया यह छंद करुण रस की व्यंजना के लिए अत्यन्त उपयोगी सिद्ध होता है। भारत जी की 'झंझावत आता है', 'कनाट प्लेस' आदि कविताओं में सखी छंद की प्रयुक्ति हुई है :

गाड़ियों की घरघराहट
साड़ियों की सरसराहट
नाड़ियों की हरहराहट।[78]

रूपमाला छंद : 28 मात्राओं के इस छंद में 14 पर यति और अंत में गुरु लघु की योजना होती है। डॉ. शुक्ल ने इसका निर्माण सप्तक की तीन आकृतियों और लघु गुरु के जोड़ से स्वीकार किया है और तीसरी, दसवीं और सत्रहवीं मात्रा का लघु होना आवश्यक माना है।[79] अग्रवाल जी की 'सूखती संवेदना', 'ऊँट का पक्ष' आदि कविता इसी छंद में बद्ध की गई हैं। भारत जी ने 14 पर यति मानी है और अंत में लघु गुरु की योजना की है। साथ ही सप्तकों की आवृत्ति और तीसरी, दसवीं, सत्रहवीं मात्रा के लघु होने की अनिवार्यता वाले नियम की कसौटी पर भी इनका रूपमाला छंद खरा उतरता है।

शप्त जग की तप्त धरती पर झुलसते पैर
छटपटाते सब अलग, समझते हैं गैर,
सूखती संवेदना पोखर सरीखी बंद
प्यार के जल से यहाँ पर पनपता है बैर।[80]

2. परंपरागत मिश्र अथवा संयुक्त छंद : भारत जी ने एक ओर तो शुद्ध परंपरागत छंदों को ग्रहण किया दूसरी ओर अनेक छंदों के योग से नवीन छंदों का निर्माण भी किया है। अतः मात्रिक छंदों के परस्पर योग से विनिर्मित मिश्र छंद उनके काव्य में सहज ही प्राप्त हो जाते हैं। मिश्र छंदों के प्रयोग यह प्रमाणित करते हैं कि कवि मुक्त छंद को अपनाते हुए भी परंपरागत शास्त्रीय छंदों का एकदम तिरस्कार नहीं कर पाया है। दूसरी ओर प्रेष्यभाव अथवा विचार को पूर्ण अभिव्यक्ति प्रदान करने के लिए मिश्रण आवश्यक प्रतीत होता है।

रजनी और रूपमाला (मिश्रित) : रजनी और रूपमाला क्रमशः 23 और 24 मात्राओं के छंद हैं। इन दोनों के सुंदर संयोग से भारत जी ने नवीन छंद का निर्माण किया है। यथा :

देख भत तू, आज तेरी, सेज मृण्मय है– 23 मात्राएँ
देख मत तू, भ्रमर-दल किस ओर तन्मय है 23 मात्राएँ
सोच मत तू : तुझे आता है न वैसा हास 23 मात्राएँ
ध्यान कर तू : तेरी अभी कितनी नवल वय है।[81]

उपरोक्त पंक्तियों में प्रथम और अंतिम चरण रजनी छंद के तथा तीसरा चरण रूपमाला छंद का है। दो छंदों के योग से इन पंक्तियों में नवीनता उत्पन्न हो गई है।

पीयूष वर्ष और पीयूषराशि : ये दोनों छंद क्रमशः 19 और 20 मात्राओं के छंद हैं। भारत जी की 'समय रुक जा' शीर्षक कविता में दोनों छंदों का अपूर्ण संयोग उत्कृष्ट रूप में प्रस्तुत हुआ है :

समय रुक जा स्तब्ध हो जा रे समीर 20 मात्राएँ
मिल रहे युग तत्व मोहित क्षितिज चीर 20 मात्राएँ
सिंधु में पगली तरंगों ने लिखा 19 मात्राएँ
नभ झुका धूमिल भुजाओं पर अधीर। 20 मात्राएँ [82]

3. नवीन छंद : नवीन छंदों में दो प्रकार के छंदों का नियोजन भारत जी के काव्य में दृष्टिगोचर होता है। प्रथम तो मुक्त छंद, जो नयी कविता का प्राणाधार है और द्वितीय अन्य भाषाओं से प्रभावगत छंद।

4. मुक्त छंद : नयी कविता के अधिकांश कवियों ने मुक्त छंद में ही अपनी वाणी को अभिव्यक्ति प्रदान की है। हिंदी में सर्वप्रथम मुक्त छंद को 'निराला' ने मान्यता प्रदान की थी। निराला का मत है कि 'मुक्त छंद', छंद की भूमि में रहकर भी मुक्त है। ...मनुष्यों की मुक्ति की तरह कविता की भी मुक्ति होती है। मनुष्यों की मुक्ति कर्मों के बंधन से छुटकारा पाना है और कविता की मुक्ति छंदों के शासन से अलग हो जाना।...मुक्त छंद का समर्थक उसका प्रवाह ही है।[83]

और यह प्रवाहमयता ही काव्य की लय है... शब्दों और भावों दोनों की नये कवि ने लय के निर्वाह की बात को बड़ी शक्ति के साथ रखा है और इसी को डॉ. जगदीश गुप्त ने 'अर्थ की लय' की संज्ञा प्रदान की है।

भारतभूषण अग्रवाल के काव्य में मुक्त छंद निश्चित लय को लेकर चले हैं। निश्चित लयादर्श को मानकर लिखी गई रचनाओं में पंचमात्रिक, षट्मात्रिक, सप्तमात्रिक लय दृष्टिगोचर होती है। इसके अतिरिक्त भारत जी ने अंग्रेज़ी छंदों का प्रयोग भी अपने भावों के संप्रेषण के लिए पर्याप्त मात्रा में किया है।

सप्तमात्रिक पर्व : सप्तमात्रिक पर्व का प्रयोग भारत जी की रचनाओं में अधिकांश मात्रा में उपलब्ध होता है। भारत जी की 'नव-मेघ', 'सहज स्वीकार', घृणा का डोज, व चाँद से कह दो[84] तथा कनाट प्लेस[85] इत्यादि रचनाओं में सप्तक

पर्व के प्रति भारत जी की रुचि विशेष रूप से दृष्टिगत होती है। यथा :

फरमाइये। 7
क्या चाहिए 7
श्रीमान् जी मन हमारे 7-7-2
जरा इतना तो बताइए 5,7,2
अब भला क्या और चाहिए 5,7,3
पहले कहा था आपने 4,7,3
हो मेरे पास तनिक पैसा। 4,7,7
वह मिल गया 7[86]

पंचमात्रिक पर्व : पंचमात्रिक पर्व में तीव्रता और आवेग का आधिक्य रहता है। भारत जी ने पंचमात्रिक पर्व का सफलता के साथ प्रयोग किया है जिससे कविता में प्रवाह और गतिशीलता उत्पन्न हो गई है।[87]

अंत में आँसू की बूँदें 5-5-5
लाई यह विस्मय का भाव 5,5,5
अरे ! बापू के बिना भी हम हैं 2-5-5
सत्रह वर्ष जी गए।[88]

षट्मात्रिक पर्व : भारत जी के काव्य में षष्टक के आधार पर निर्मित कविताओं की संख्या भी पर्याप्त मात्रा में दृष्टिगत होती है। षट्मात्राओं से निर्मित पर्वों में एक विशेष प्रकार की सरस प्रवाहमयता आ गई है।

माचिस की तीली में 6-6
जैसे आग-बंद है 6-6
वैसे ही मन में तुम्हारा प्यार 6-6-6[89]

अंग्रेज़ी से प्रभावित छंद : भारत जी ने अंग्रेज़ी के छंदों में से सॉनेट का प्रयोग अधिक मात्रा में किया है। वस्तुतः हिंदी की चतुर्दशपदी और अंग्रेज़ी का सॉनेट एक ही है। सॉनेट में प्रमुखतः 14 पंक्तियों का विधान होता है। इसी विधान के कारण सॉनेट में विशेष संश्लिष्टता और सीमितता आ जाती है। भारत जी ने 'अपने कवि से', 'मसूरी के प्रति' कविताएँ आदि सॉनेट में ही लिखी हैं। 'अपने कवि से'[90] चतुर्दशपदी में 32-32 मात्राओं की योजना है, किंतु कुछ पंक्तियों में मात्राएँ घटी-बढ़ी भी हुई हैं। 'मसूरी के प्रति'[91] कविता में 7 वीं पंक्ति में 29, 9 वीं में 27 और 11 वीं में 40 मात्राएँ हैं। शेष पंक्तियों में 32-32 मात्राओं का विधान है।

अतः इस प्रकार के प्रयोग कवि की स्वच्छन्दता की प्रवृत्ति के द्योतक हैं। इसी

प्रकार 'ओ बिजली-वाले' तथा 'तू उड़ न दूर'[92] शीर्षक से लिखे गये सॉनेट भी इसी वर्ग के अंतर्गत आते हैं।

अतः भारत जी ने छंद-योजना के अंतर्गत परंपरागत छंदों के साथ ही मुक्त छंद को भी बड़ी आत्मीयता एवं कुशलता से स्वीकार किया है। अनेक पर्वों पर आधारित लय योजना भी भारत जी के काव्य में विशिष्ट सौंदर्य के साथ दृष्टिगत होती है।

इस प्रकार हम देखते हैं कि प्रतिभाशाली कवि की अक्षय भावानुभूति को बाँधने के लिए अनेक रंग-बिरंगे तुकांत-अतुकांत छंदों को अवतरित होना पड़ा है। स्पष्ट है कि कवि की मनीषा मात्र भावानुभूति की गहनता अथवा कल्पना की सूक्ष्मता में ही नहीं वरन् अनुभूति के आवरण में भी उतनी ही बहुमुखी और विविध है।

संदर्भ

1. साहित्यलोचन : डॉ. श्यामसुन्दर दास
2. जगदीश गुप्त : नयी कविता, अंक 5 6, पृ. 12
3. नयी कविता : कांति कुमार, पृ. 247
4. प्रसंगवश : भारतभूषण अग्रवाल, पृ. 32
5. ओ प्रस्तुत मन, पृ. 131
6. अनुपस्थित लोग, पृ. 18
7. ओ प्रस्तुत मन : भारतभूषण अग्रवाल, पृ. 64
8. काव्यकला और अन्य निबंध : जयशंकर प्रसाद, पृ. 36
9. 'वीणा' : सुमित्रानंदन पंत
10. जयशंकर प्रसाद : निराला रचित 'गीतिका' के 'दो शब्द' से
11. गीतिका : जयशंकर प्रसाद द्वारा लिखित भूमिका
12. कबीर का रहस्यवाद : डॉ. रामकुमार वर्मा, पृ. 70-86
13. साहित्य शास्त्र : डॉ. रामकुमार वर्मा
14. चिंतामणि भाग दो : आचार्य रामचन्द्र शुक्ल, पृ. 121
15. ओ अप्रस्तुत मन : भारतभूषण अग्रवाल, पृ. 102
16. भारतभूषण अग्रवाल : प्रतीक अंक 9, पृ. 30
17. ओ अप्रस्तुत मन : भारतभूषण अग्रवाल, पृ. 80
18. ओ प्रस्तुत मन : भारतभूषण अग्रवाल, पृ. 91-92
19. वही, पृ. 92-93
20. वही, पृ. 92-93
21. वही, पृ. 61
22. वही, पृ. 143
23. वही, पृ. 34
24. वही, पृ. 83

25. वही, पृ. 59-60
26. वही
27. वही
28. आधुनिक हिंदी कविता में मनोविज्ञान, डॉ. उर्वशी ज. सुरती, पृ. 75
29. New English Dictionary
30. Sharter Oxford Dictionary
31. Chamber's Twentieth Century Dictionary
32. वेब्सटर्स थर्ड न्यू इंटरनेशनल डिक्शनरी
33. वही
34. वही
35. सी. डब्ल्यू. ब्रे एनसाइक्लोपीडिया ब्रिटेनिका से उद्धृत
36. संस्कृत इंग्लिश डिक्शनरी, मोनियर विलियम्स
37. The poetic Image : C. Day Lewis, p. 19
38. सुजान के लेंगर
39. ह्वेले
40. टी. ई. ह्यूम
41. The poetic Image : C. Day Lewis, p. 17
42. I. A. Richards : Coleridge on Imagination, p. 34
43. The poetic Image : C. Day Lewis, p.25
44. तारसप्तक : भारतभूषण अग्रवाल, पृ. 101
45. वही, पृ. 101
46. ओ प्रस्तुत मन : भारतभूषण अग्रवाल, पृ. 79
47. कल्पना, जुलाई-अगस्त, 58, पृ. 34
48. ओ अप्रस्तुत मन : भारतभूषण अग्रवाल, पृ. 9
49. वही, पृ. 83
50. वही, पृ. 96
51. अप्पय दीक्षित कृत चित्रमीमांसा
52. पंडित राजशेखर : अलंकार शेखर, पृ. 322
53. छायावाद : डॉ. नामवरसिंह, पृ. 89-90
54. वही, पृ. 90
55. ओ अप्रस्तुत मन : भारतभूषण अग्रवाल, पृ. 6
56. वही, पृ. 6
57. तारसप्तक : भारतभूषण अग्रवाल, पृ. 92
58. अनुपस्थित लोग : भारतभूषण अग्रवाल, पृ. 18
59. ओ अप्रस्तुत मन : भारतभूषण अग्रवाल, पृ. 33
60. वही, पृ. 79
61. वही, पृ. 96
62. वही, पृ. 83
63. वही, पृ. 5
64. वही, पृ. 9

65. एक उठा हुआ हाथ : भारतभूषण अग्रवाल, पृ. 56
66. अनुपस्थित लोग : भारतभूषण अग्रवाल, पृ. 13
67. तारसप्तक, पृ. 97
68. वही, पृ. 101
69. ओ अप्रस्तुत मन : भारतभूषण अग्रवाल, पृ. 9
70. अनुपस्थित लोग : भारतभूषण अग्रवाल, पृ. 60
71. गिरिजाकुमार माथुर : अवन्तिका, जनवरी 54, पृ. 246
72. कुँवरनारायण : तीसरा सप्तक, पृ. 235
73. अनुपस्थित लोग : भारतभूषण अग्रवाल, तारसप्तक
74. ओ अप्रस्तुत मन, पृ. 20, 21, 22
75. डॉ. पुत्तुलाल, आधुनिक हिंदी काव्य में छंद, पृ. 286
76. पंत : पल्लव का प्रवेश, पृ. 32
77. ओ अप्रस्तुत मन : भारतभूषण अग्रवाल, पृ. 18
78. अनुपस्थित लोग : भारतभूषण अग्रवाल, पृ. 26
79. डॉ. पुत्तुलाल : शुक्ल : आधुनिक हिंदी काव्य में छंद-विधान, पृ. 290
80. ओ अप्रस्तुत मन, पृ. 64
81. वही, पृ. 1
82. वही, पृ. 24
83. सूर्यकांत त्रिपाठी निराला : परिमल भूमिका
84. ओ अप्रस्तुत मन : भारतभूषण अग्रवाल, पृ. 33, 40
85. अनुपस्थित लोग : भारतभूषण अग्रवाल, पृ. 26
86. वही, भारतभूषण अग्रवाल, पृ. 56
87. वही, पृ. 26
88. अनुपस्थित लोग : भारतभूषण अग्रवाल, पृ. 76
89. वही, पृ. 62
90. तारसप्तक, पृ. 90
91. तारसप्तक, पृ. 97
92. ओ अप्रस्तुत मन : भारतभूषण अग्रवाल, पृ. 81, 3

षष्ठ अध्याय

प्रस्थापना

जीवन का सत्य काव्य में ढलकर रसमय और सर्वसंवेद्य बन जाता है। सच्ची कविता वही है जो अनायास हो, किंतु कवि तो अनायास नहीं बन जाता। कवि का अंतर्मन बाह्य जगत् के विचारों को आत्मानुभूत जीवन संदर्भों से एकाकार करके ग्रहण करता रहता है। अपने भीतरी व बाहरी संसारों से तादात्म्य स्थापित करने की चेष्टा में वह जीवन भर लगा रहता है। कविता उसकी इसी रचनात्मक चेष्टा का आयाम है। जीवन की कठिन आँच में तप-तपकर ही कवि की संवेदनात्मक अनुभावात्मक आधारों पर स्थित, उसकी जीवन ज्ञान-व्यवस्था सज-सँवरकर कला के रूप में रूपायित होती है। भारत जी का व्यक्तित्व निरंतर विकसनशील रहा है। वे जीवन के कवि हैं। अतः जीवन के बदलते गति प्रत्ययों के समान उनकी रचनात्मकता के भी अनेक स्तर हैं।

भारत जी अपने काव्य-सृजन के आरंभिक चरण में प्रगतिवादी संस्कारों से दीक्षित थे, तदुपरांत प्रयोगवादी व नयी काव्य प्रवृत्ति में उनकी अग्रचेतना भूमिका रही।

भारत जी के अंतर्मन में जिस समय काव्य संस्कारों का स्फुरण हुआ उस समय हिंदी काव्यधारा एक सर्वथा नवीन दिशा की ओर उन्मुख हो रही थी। नवीन भाव-बोध से अनुप्राणित यह काव्यधारा नयी कविता के नाम से हिंदी साहित्यभूमि पर प्रतिष्ठित हुई।

कवि अपनी संवेदनात्मक क्षमता से साहित्य सृजन करता है। वह अपने संवेदनात्मक उद्देश्यों के अनुसार अपने अंतर्जगत् में व्याप्त जीवन-अनुभवों को दूसरे शब्दों में संवेदनात्मक ज्ञान को जाग्रत करने नवीन दिशा में प्रवाहित करता है। कवि की अनुभूति का यह प्रवाह नदी की धारा के समान मार्ग में आने वाली ढेढ़ी-मेढ़ी

धरती की शुष्क सिकता को उर्वर करता हुआ प्रवाहमान होता रहता है। भारत जी अपने कवि जीवन की शैशवावस्था में प्रगतिवादी विचारधारा के पोषक रहे हैं तत्पश्चात् प्रयोगवाद व नयी काव्यधारा तक उनके विचारों का प्रवाह परिवर्तित होता रहा है। इस व्यापक धरातल के फलस्वरूप भारत जी की साहित्यिक उपलब्धि निश्चित रूप से अपना एक विशिष्ट महत्त्व रखती है।

भारत जी की कविता का विषय क्षेत्र अपरिमित है। इससे पूर्व कवि की संवेदनाएँ केवल विशिष्ट विषयों तक ही सीमित थीं, किंतु प्रगतिवाद, प्रयोगवाद व नयी कविता तक आते-आते कवि सृष्टि के दृश्य-अदृश्य सभी उपकरणों को अभिव्यक्ति प्रदान करने लगा। भारत जी के काव्य व्यक्तित्व का निर्माण इस धरती की मिट्टी से हुआ है अतः जीवन के सभी उपकरण उनकी कविता में बिलकुल निकट आ गये हैं जिसके कारण विषय वस्तु के क्षेत्र में एक उदार-वृत्ति की प्रतिष्ठा हुई है।

भारत जी ने अपनी काव्य-प्रतिभा को सामाजिक यथार्थ के मध्य प्रतिष्ठित करने की चेष्टा की है। सामाजिक यथार्थ के समर्थन के फलस्वरूप उनके काव्य में भावना की अपेक्षा वैचारिकता को प्रश्रय मिला है। उन्होंने जीवन की ठोस यथार्थताओं पर भावुकता और कल्पना से अनुप्राणित संवेदना को आरोपित नहीं होने दिया है। जिसके कारण उनमें सौंदर्य की अपेक्षा सत्य का अधिक आग्रह रहा है अतः भारत जी ने जीवन के सत्-असत्, सुंदर-असुंदर तथा कलुष और पवित्र सभी भावदीपों को समान रूप से प्रदीप्त किया है और इस प्रकार उन्होंने साहित्यिक विषय-वस्तु में त्याज्य अथवा वर्जित शब्द के वैभव को न्यून कर दिया। जिसके परिणामस्वरूप भारत जी के काव्य में 'संकीर्ण' तथा 'संकुचित' प्रवृत्तियों के लिए क़ोई स्थान नहीं रह गया।

भारत जी की एक विशिष्ट उपलब्धि यह भी है कि उन्होंने देश में धार्मिक, सामाजिक व राजनीतिक क्षेत्र में जो भ्रष्टाचार रहा है उसके प्रति घोर प्रतिक्रिया प्रकट की है। उन्होंने इन क्षेत्रों में फैले हुए अत्याचार व पाखंड की कटु आलोचना की है। और उन समस्त आदर्शों का खंडन किया है जिनकी प्राणशक्ति आधुनिक संदर्भों में नष्ट हो गई है और जिनकी समाज में कुछ प्रदेयता नहीं है। इसी कारण उनमें उस 'परम सत्ता' अथवा 'शक्ति' के प्रति आस्था अथवा विश्वास नहीं है। इसके साथ ही उन्होंने व्यक्ति को सम्मानपूर्वक संदर्भ में देखने की वकालत भी की है।

कविता को आम आदमी की जुबान बनाने, कविता को आम आदमी की संवेदनाओं से सीधा साक्षात्कार बनाने के अधुनातन आंदोलन की पृष्ठभूमि एवं प्रारंभ सूत्र भारत जी की कविता में मिलते हैं। यथा :

साधारण नगर के
एक साधारण घर में

बचपन बीता अति साधारण
साधारण खान-पान
साधारण वस्त्र वास
× × ×
तब मैं एकाग्र मन
जुट गया ग्रंथों में
मुझे परीक्षाओं में
विलक्षण श्रेय मिला।[1]

इन कविताओं में सपाट बयानगी है जिस पर डॉ. गणपतिचन्द्र गुप्त का आरोप है कि 'इसमें 'आत्म-विज्ञापन' किया गया है। भावनाओं के स्थान पर कवि ने अपनी महानता का चित्रण किया है, साधारण खान-पान होते हुए भी उसने परीक्षाओं में विलक्षण सफलता प्राप्त की–इसी तथ्य का निदर्शन है। हमें कवि के साथ सहानुभूति है। साधारण खान-पान से ही कवि ने ऐसी सफलता प्राप्त कर ली, यदि उसे असाधारण खान-पान मिलता तो न जाने उसकी प्रतिभा का क्या हाल होता। भारत सरकार और जनता को चाहिए कि वह ऐसी महान् प्रतिभाओं के आत्म-विज्ञापन पर ध्यान दे।'[2] वस्तुतः कविता जीवन-यथार्थ का आकलन है, यह ऐसा बिंदु है, जहाँ कवि की अनुभूति पाठक की अनुभूति बन जाती है। 'सह-अनुभूति' के इस आदर्श को पहुँचने के लिए कई बार कविता जीवन की बकरस, ऊबड़-खाबड़, रोमांचहीन, उत्तेजनारहित भूमियों के समानान्तर चलने लगती है–इससे कविता में सपाट बयानगी का आ जाना स्वाभाविक है क्योंकि जीवन-यथार्थ से जूझने, सामान्य-जन या आम आदमी का आईना बनने के लिए कविता को अपना भाषायी तेवर बदलना होता है।

भारत जी प्रखर बौद्धिक चेतना के कवि हैं। इस बौद्धिक युग में सामाजिक स्थापनाओं के साथ मानव के व्यक्तित्व का विघटन हो रहा है, अतः नये कवि में इन प्रस्थापनाओं, मान्यताओं के प्रति कटुता उत्पन्न हो गई है जो व्यंग्य के माध्यम से अभिव्यक्त हुई है। भारत जी में यह व्यंग्यात्मकता अत्यन्त तीखी और प्रखर रूप में अभिव्यक्त हुई है। यह व्यंग्यात्मकता पाठक को इन मान्यताओं के प्रति सचेत करने में सहायक हुई है।

भारत जी आस्था और विश्वास के कवि हैं। आज के विघटनकारी युग में उन्होंने एक विशिष्ट दिशा में व्यक्ति के मन में आस्था और आशा का संदेश दिया है। मानव मंगल की भावना उनमें इतने प्रबल रूप में रही है कि इसके लिए वे अपनी सफल साधना की उपलब्धियों को भी त्यागने के लिए प्रस्तुत हो गये हैं।

भारतभूषण जी के सौंदर्यबोध और अभिव्यक्ति का एक और आयाम है–शिल्प

सौंदर्य। इसे हमने शिल्प सौंदर्य के अंतर्गत ही विश्लेषित किया है। भारत जी तथा उनके समवर्ती कवियों को कथ्य और शिल्प दोनों क्षेत्रों में चुनौतियों का सामना करना पड़ा। शिल्प के क्षेत्र में यह चुनौती अधिक कठिन थी। छायावादी अतिकाल्पनिकता, वायवीयता और शाब्दिक इन्द्रजाल को काटकर कविता को उसकी सहज भूमि पर ला खड़ा करना कोई साधारण कर्म न था। छायावाद स्थूल के प्रति सूक्ष्म का विद्रोह था, जो अपनी चरम परिणति को पहुँचकर अतिसूक्ष्म हो गया था। प्रयोगवादी व नयी कविता के कवियों ने इस प्रक्रिया को लौटाने का सफल प्रयास किया अर्थात् अतिसूक्ष्म को सूक्ष्म और सूक्ष्म को स्थूल की ओर उन्मुख किया। यह स्थूल शिल्प की अनगढ़ता नहीं अपितु अभिव्यक्ति की सहजता थी। भारत जी के काव्य में इसीलिए अलंकारों, बिंबों, प्रतीकों का प्रयोग सहज धरातल पर हुआ है मात्र काव्य चित्र बनाने के लिए नहीं। उनके काव्य में इसी कारण बिंब और प्रतीक सर्वसंवेद्य बन गये हैं।

भाषा के क्षेत्र में भी भारत जी का प्रयास अभिनंदनीय है। उनकी भाषा अनौपचारिक और व्यावहारिक है। 'काव्य भाषा' की इस अनौपचारिकता और व्यावहारिकता ने भारत जी को यथार्थ के स्तर पर प्रतिष्ठित किया है।

संक्षेप में शिवकुमार मिश्र जी के शब्दों में हम कह सकते हैं, "नयी पीढ़ी के कवियों में अग्रवाल जी का स्थान इस कारण महत्त्वपूर्ण है कि उन्होंने आज के कवि के छिद्रों को सजगतापूर्वक परखकर सबके सामने उभारा है, उन्हें छिपाकर या गौरवान्वित कर अपने व दूसरों को छला नहीं है।"

संदर्भ

1. और भी देखिए 'मैं जब घर आया' आदि कविताएँ।
2. हिंदी साहित्य का वैज्ञानिक इतिहास : गणपतिचन्द्र गुप्त, पृ. 773

ग्रंथ-सूची

आधार ग्रंथ

भारतभूषण अग्रवाल की रचनाएँ

1. छवि का बंधन	काव्य-संग्रह	1941
2. जागते रहो	काव्य-संग्रह	1942
3. मुक्तिमार्ग	काव्य-संग्रह	1947
4. सेतुबंधन	गीतिनाट्य	1956
5. ओ अप्रस्तुत मन	काव्य-संग्रह	1958
6. काग़ज के फूल	तुक्तक संग्रह	1964
7. अनुपस्थित लोग	काव्य-संग्रह	1965
8. एक उठा हुआ हाथ	काव्य-संग्रह	1970
9. अग्निलीक	गीतिनाट्य	प्रकाशनाधीन
10. जिंदगी और समझ	कविता	28.9.75 साप्ताहिक हिंदुस्तान
11. कहाँ से लाऊँ मैं	कविता	साप्ताहिक हिंदुस्तान

संदर्भ ग्रंथ

1. अग्रवाल, भारतभूषण	प्रसंगवश
2. अग्रवाल, भारतभूषण	कल्पना, जुलाई-अगस्त
3. अज्ञेय	तारसप्तक
4. अज्ञेय	दूसरा सप्तक
5. अज्ञेय	बावरा अहेरी
6. कान्तिकुमार	नयी कविता
7. कुमार विमल	आधुनिक हिंदी साहित्य
8. खंडेलवाल, रामेश्वरलाल	आधुनिक हिंदी कविता में प्रेम और सौंदर्य

9. गर्ग, शेरजंग — स्वातंत्र्योत्तर हिंदी कविता में व्यंग्य
10. गुप्त, गणपतिचन्द्र — हिंदी साहित्य का वैज्ञानिक इतिहास
11. गुप्त, जगदीशचंद्र — नयी कविता (पत्रिका) अंक 1
12. गुप्त, जगदीशचंद्र — नयी कविता स्वरूप और समस्याएँ
13. गुप्त, जगदीशचंद्र — कवितांतर
14. गुप्त, जगदीशचंद्र — शब्ददंश
15. गुप्त, मैथिलीशरण — साकेत
16. चतुर्वेदी, रामस्वरूप — हिंदी नवलेखन
17. ठाकुर, देवेश — नयी कविता के सात अध्याय
18. तिवारी, रमाशंकर — प्रयोगवादी काव्यधारा
19. दिनकर, रामधारी सिंह — कुरुक्षेत्र
20. दीक्षित, अप्पय — चित्र मीमांसा
21. डॉ. देवराज — इतिहास पुरुष
22. डॉ. नगेन्द्र — लेख : धर्मयुग, 18 दिसंबर, 1966
23. डॉ. नगेन्द्र — आधुनिक हिंदी कविता की प्रवृत्तियाँ
24. नारायण कुँवर — तीसरा सप्तक
25. निराला, सूर्यकांत त्रिपाठी — परिमल
26. निराला, सूर्यकांत त्रिपाठी — गीतिका
27. पंत, सुमित्रानंदन — पल्लव
28. पंत, सुमित्रानंदन — वीणा
29. पंत, सुमित्रानंदन — लेख : रूपाभ—जुलाई 1938
30. प्रसाद, जयशंकर — कामायनी
31. प्रसाद, जयशंकर — काव्यकला और अन्य निबंध
32. प्रसाद, सिद्धेश्वर — छायावादोत्तर हिंदी काव्य
33. पाण्डेय, शंभूनाथ — लेख : आलोचना, 21 जनवरी, 1957
34. डॉ. पुत्तुलाल — आधुनिक हिंदी काव्य में छंद विधान
35. प्रेमचंद — साहित्य का उद्देश्य
36. वाजपेयी, नंददुलारे — लेख : धर्मयुग, 27 अगस्त, 1967
37. वाजपेयी, नंददुलारे — राष्ट्रीय साहित्य तथा अन्य निबंध
38. भारती, धर्मवीर — मानव-मूल्य और साहित्य
39. भारती, धर्मवीर — सात गीत वर्ष
40. भारती, धर्मवीर — ठेले पर हिमालय
41. माथुर, गिरिजाकुमार — लेख : अवन्तिका : जनवरी 1954
42. मिश्र, शिवकुमार — नया हिंदी काव्य

43. मुक्तिबोध, गजानन माधव — एक साहित्यिक की डायरी
44. मेहता, नरेश — कृति : काव्य विशेषांक
45. रांग्रा, रणवीर — लेख : सैनिक समाचार, जुलाई 1974
46. राजशेखर, पंडित — अलंकार शेखर
47. राव, बालकृष्ण — लेख : कल्पना, जनवरी 1956
48. वर्मा, लक्ष्मीकांत — हिंदी साहित्य कोश, भाग-1
49. वर्मा, रामकुमार — कबीर का रहस्यवाद
50. वर्मा, रामकुमार — साहित्यशास्त्र
51. वात्स्यायन, मदन — तीसरा सप्तक
52. शर्मा, रामविलास — रूपतरंग
53. शुक्ल, केसरी नारायण — हिंदी काव्यधारा का सांस्कृतिक स्रोत
54. शुक्ल, रामचंद्र — चिंतामणि प्रथम भाग
55. शुक्ल, रामचंद्र — चिंतामणि भाग दो
56. सिंह, नामवर — छायावाद
57. सिंह, नामवर — हिंदी काव्य की प्रवृत्तियाँ
58. सुमन, शिवमंगलसिंह — विश्वास बढ़ता ही गया
59. सुमन, शिवमंगलसिंह — पर आँखें नहीं भरी
60. सुरती, ज. उर्वशी — आधुनिक हिंदी काव्य में मनोविज्ञान

अंग्रेज़ी

1. आइ. ए. रिचर्ड्स — कालरिज़ आन इमेजिनेशन
2. दिलीपकुमार राय — एमंग दी ग्रेट
3. सी. डब्ल्यू. ब्रे — एनसाइक्लोपीडिया ब्रिटेनिका
4. विल दुरन्त — दी मेनशन्स ऑफ फिलासफी
5. मोनियर विलियम्स — संस्कृत इंग्लिश डिक्शनरी
6. न्यू इंग्लिश डिक्शनरी
7. शर्टर आक्सफोर्ड डिक्शनरी
8. चेम्बर्स ट्वंटियथ सेंच्यूरी डिक्शनरी
9. वेब्सटर्स थर्ड न्यू इंटरनेशनल डिक्शनरी

□□